微演讲 ②

化保力◎著

地震出版社
Seismological Press

图书在版编目（CIP）数据

微演讲. 2 / 化保力著 . — 北京：地震出版社，
2021.6
ISBN 978-7-5028-5289-4

Ⅰ.①微… Ⅱ.①化… Ⅲ.①演讲－语言艺术 Ⅳ.
① H019

中国版本图书馆 CIP 数据核字 (2021) 第 065872 号

地震版 XM4810/H(6060)

微演讲. 2

化保力 著
责任编辑：李肖寅
责任校对：王亚明

出版发行：地震出版社
     北京市海淀区民族大学南路 9 号   邮编：100081
     发行部：68423031 68467991   传真：68467991
     总编室：68462709 68423029
     编辑四部：68467963
     E-mail：seis@mailbox.rol.cn.net
     http://seismologicalpress.com
经销：全国各地新华书店
印刷：三河市九洲财鑫印刷有限公司

版（印）次：2021 年 6 月第一版   2021 年 6 月第一次印刷
开本：700×1000 1/16
字数：185 千字
印张：13.5
书号：ISBN 978-7-5028-5289-4
定价：56. 00 元

　　我们正处在一个信息高度发达、信息传输速度非常快的时代。在这样的一个时代，人们的生活节奏非常快，大部分人开始追求精简、极致和快速。我们可以看到，短视频正日益受到人们的欢迎和喜爱。在短视频这个载体的承载之下，短小精悍的微演讲受到了人们的青睐，其可在碎片化的时间里给人们带来欢乐或提供知识。

　　传统的演讲往往时间比较长，在快节奏的生活和工作当中，人们很难抽出那么长的时间去听一次传统演讲。微演讲则不同，它不会占用人们太多的时间，人们在茶余饭后都可以拿出手机观看或收听一段微演讲。通过微演讲，人们可以学习知识，了解新鲜的思想和观点，还可以让自己放松心情。

　　用微演讲去承载知识是非常方便的，它能够让原本枯燥的学习过程变得轻松。有不少老师通过短视频微演讲的模式来讲课，受到很多人的喜爱。微演讲让学习者的学习积极性提高了，与老师、同学通过留言或弹幕进行的互动增加了，同时，学习者不再感到枯燥，学习的效率变得很高。说不定在不久之后，微演讲就会变成一种非常流行的授课模式。

　　除了学习之外，微演讲在其他很多方面都有应用。在抖音、快手等短视频平台上，微演讲展现出了它的非凡魅力。当人们看过很多搞笑的短视频内容后，突然看到有人在做微演讲，很快就被这种与众不同的内容吸引住了。如果演讲者的演讲水平比较高，比较有趣，人们很容易便"路转粉"。实际上有不少在抖音、快手上做微演讲的人，粉丝数量都很多。这也说明了大家确实对微演讲非常喜爱。

微演讲不仅可以用于传播知识，还可以用在日常生活中、创业的过程中、招商引资中。微演讲其实可融入我们生活的方方面面。当你储备了足够多的微演讲知识之后，你说话和做事的方式都会有所不同，你的语言组织能力会变强，你的演讲感染力也会变强，你的人际关系会变得更好，生活和工作会更顺利。

微演讲类型的电视节目与一般的娱乐节目有所不同，它显得更加沉静，能够带给人一些思考，所以受到了很多人的喜爱。微演讲类型的广告也很受欢迎。当人们看多了那种扑面而来、很有压迫感的广告，看到一个微演讲类型的广告时，会有眼前一亮的感觉。这样的广告会引发人们内心的共鸣。

微演讲在生活和工作中都很有用处，在各行各业都有用武之地。学会微演讲，能够让你变得更加优秀，能让你更加适应这个移动互联网时代。

本书从微演讲在当今时代掀起的潮流入手，分析了学会微演讲的必要性，然后从如何合理使用段子、学会说话、做好文案等多个方面，具体细致地讲述了做好微演讲的方法，最后分析了微演讲在各个方面应用的可能性，还附上了一些名人的演讲案例，让读者可以从中汲取营养，掌握演讲的技巧。

本书的内容简单易懂，相信看过本书之后，读者能对微演讲有更加全面的了解，也能学会做微演讲。

CONTENTS 目录

第1章 **微演讲正在席卷整个时代**

003　微课引领移动互联网时代的学习潮流
006　抖音微演讲深受欢迎
009　快手微演讲人气爆棚
012　微演讲的广告效果令人惊叹
015　微演讲类节目收视率爆炸
018　会微演讲的人处处受欢迎

第2章 **短视频演讲人人都该学会**

023　人人都喜欢看短视频
026　短视频正在颠覆传统自媒体
029　用短视频做微演讲效果更佳
032　短视频演讲是传播知识的新路径
035　广告以短视频演讲的方式来做会更受欢迎
038　短视频演讲快速增强表达能力

第3章　段子让微演讲笑点倍增

043　人人都爱段子手

046　段子让你的微演讲充满笑点

049　段子可以拉近人与人的距离

052　讲段子体现出一种轻松的生活态度

055　段子让微演讲更有魅力

057　段子体现优秀的个人品质

第4章　做好微演讲就得会说话

063　同样的内容，会说话更容易被接受

066　客气有礼让你快速被认可

069　嘴巴甜一点，粉丝就多一点

071　批评的话最好委婉地说

074　把握分寸，别把话说得太死

077　适当自嘲，你会更有魅力

第5章　好文案造就动人的微演讲

083　用真材实料的文案提升演讲的价值

086　文案的结构要引起重视

089　多用打动人心的句式和词语

092　重点突出才能让人印象深刻

095　多引用实例来增强说服力

第6章　精简是微演讲的灵魂

101　微演讲应该是"小而美"的

103　开门见山，别绕弯子

106　没人喜欢冗长，要学会高度概括

109　拒绝华而不实的语言

112　借用一些权威结论

第7章　幽默让微演讲魅力非凡

117　用幽默激发微演讲的气氛

120　幽默给微演讲注入积极的态度

123　幽默拉近演讲者与听众的距离

126　幽默是化解尴尬的绝佳方式

129　善用幽默避免争论

第8章　故事让微演讲吸引力爆棚

135　故事人人都爱听

139　讲故事能让微演讲说服力倍增

142　确定故事所起的作用，选对故事

145　有悬念的故事往往更有吸引力

148　故事同样需要简洁

第9章　懂心理的微演讲更震撼人心

153　只做抓住人心的微演讲

156　根据听众心理来调整微演讲的内容

159　打破固有观念，产生震撼人心的效果

162　别平铺直叙，人们都喜欢有波澜的内容

166　从听众身边的事展开叙述效果更佳

第10章　用微演讲创造无限可能

173　微演讲是拿下客户的绝佳武器

176　用微演讲搞定招商引资

179　微演讲是提升品牌价值的法宝

182　微演讲让创意不再难以捉摸

185　"大数据+微演讲"就是超级吸引力

第11章　感受名人演讲的爆炸力量

191　马云让人们知道"后天很美好"

194　J. K. 罗琳生动的哈佛毕业演讲

197　雷军超级接地气的演讲

201　俞敏洪帮你摆脱恐惧

204　奥巴马带给听众无畏的希望

第 1 章

微演讲
正在席卷整个时代

这是一个快节奏的时代，也是一个追求精简、极致的时代。很少有人会对长篇大论的内容感兴趣，人们更青睐精炼的表达。微演讲是时代发展的潮流，它魅力非凡，它遍地开花，它正在席卷整个时代。

微课引领移动互联网时代的学习潮流

　　微课即微型视频课堂，也被称为微课程。它主要运用信息技术，以认知规律为依据，以碎片化教学方式来进行知识传授。微课一般是通过短小的教学视频，对一些学科的考点、疑难点、重点等内容进行讲解，或者对一些任务、实验、活动等进行教学。它是一种新型的网络课程资源，具有场景化的特点，也支持多种学习方式。

　　课堂教学视频片段是微课的主要表现形式，它有助于受众对具体知识点的理解与学习，能够帮助巩固相关的知识点。在微课的帮助下，人们的学习效率会变得更高，学习效果也会变得更好。

　　微课受到了很多人的喜爱，成为引领移动互联网时代学习潮流的教学方法。这主要归功于它本身的特点，这些特点不但让它魅力非凡，也让它符合科学的教学规律。

1.占用时间少

　　现代人的生活节奏很快，时间总是不够用，即使有一些时间，也是碎片化的，时间很短。传统的教育方法一般要占用大量的时间，这让很多人望而却步。微课的视频内容通常时间很短，只讲解一两个知识点。人们可以在很短的时间里看完一个视频，学到一两个知识点，这样的学习方式不但可行而且有效。

2.内容少

对于教学来说，如果一次性讲述很多的内容，学生很难全部掌握。因为人接受新鲜事物的能力是有限的，对于新的知识点，有时无法一下子就接受。传统的课程总是在一节课讲述很多知识点，让人眼花缭乱，甚至是头昏脑涨。微课的内容少，知识点一般只有一两个，人们可以准确掌握这些知识点，并且印象深刻，这对学习来说非常有利。

3.占据空间小

如果一个视频占据的空间太大，那么无论是传输还是观看可能都不是很方便。虽然5G时代的信息传输速度有了极大的提高，但占据空间更小的视频依旧更容易在设备上携带和保存。微课的视频所占的空间通常都比较小，这更有利于它的传播和使用。

4.趣味十足

传统的讲课总是让人感到有些枯燥，即便是对课程内容本身感兴趣，也难免会因为无聊的讲述而失去兴致。微课本身内容短小精悍，不容易让人产生无聊的感觉，再加上很多微课是"草根"创作，创作者往往会在讲课时加入一些有趣的内容，或者用时髦的话语来"包装"，让整个讲课的过程趣味十足。

5.互动性强

微课的互动性比传统讲课方式的互动性更强。在传统的讲课当中，学生可能会因为自己的身份，对于一些问题羞于启齿，老师也可能会因为面子的问题，对一些问题的回答有所保留。但是微课是通过视频来给陌生的人讲课，听课的人可以随意提出自己想问的问题，老师在回答时也不必有太多的顾忌，这就让微课的互动性变得更强，对学习过程很有利。

6.重点突出

微课所讲述的内容比较少，所以重点会特别突出。在听课的过程中，学生的注意力更容易集中起来，分析问题、解决问题的能力会变得更强。主观能动性被充分挖掘了出来，学生会学得更好。

7.传播速度快

传统的讲课一般是在课堂上，由固定的人讲授，这很不利于传播。微课通过视频来讲课，视频发布到网络平台之后，传播速度会非常快。微课的这一特点，能让更多想要学习的人加入进来。

微课拥有非常多的优点，它不但短小精悍、趣味性十足，而且教学的效果也非常好。无论是学生还是社会人士，都可以通过微课来学到自己想要学习的知识内容。那些不是很喜欢学习的人，也能很快接受微课。

微课是小而美的，它和微演讲一样精彩纷呈、魅力四射。它符合时代发展中人们对于"短、平、快"学习的需求，同时也是非常科学的教学方法。相信微课在今后会越来越受欢迎，在许多方面，它一定会引领移动互联网时代的学习潮流。

说不定在不久的将来，人们可以随时随地用手机看微课。那将会是一个全民学习的时代，也是一个知识备受欢迎，在轻松愉快的心情下学习知识的时代。

抖音微演讲深受欢迎

　　抖音是现在火热的短视频软件之一，很多年轻人都喜欢在闲暇时刷一刷抖音，看一看上面的短视频。有些短视频不但能够让人收获快乐，还可以让人收获知识。抖音上面的很多微演讲深受欢迎，有不少人都被其知识性与趣味性并存的特点深深吸引。

　　受到抖音平台整体趋向年轻、时尚、氛围轻松的影响，抖音微演讲总是给人一种活泼的感觉，在非常轻松的氛围中把演讲的内容传递给了观众。所以在抖音上做微演讲是有一种天然优势的，只要微演讲的内容不是特别古板，观众自然而然就会产生轻松和愉悦之感。

　　在抖音上，有一个做微演讲的主播非常受欢迎，他经常在自己的短视频中做微演讲，演讲的内容主要是生活和工作中蕴含的道理。这位主播的演讲风趣幽默，主要以一些实际的例子为切入点，用真实的案例教给人们一些实用的知识。他的演讲一般比较短，不会令人在观看的过程中产生疲劳感。微演讲的时间比较短，人们利用碎片化的时间就可以观看，这使得它更受人们的喜爱。

　　有一次，主播讲了一个啤酒厂的例子，非常有趣，一点都不会令人感觉枯燥。人们听完他讲的故事以后，也就明白了他所说的道理。

　　某啤酒厂的啤酒销量不好，老板觉得已经没有经营下去的必要了，准备解散啤酒厂。正当他心情很差的时候，遇到了一个广告策划人。广告策划人看他愁眉不展的样子，便问他是不是遇到了什么难事。老板正苦于没有人可以倾诉，便把自己的啤酒厂即将倒闭的事情告诉了这位广告策划人。广告策划人认为他的啤酒厂不一定会倒闭，或许还有起死回生的机会。

老板对广告策划人的话半信半疑。广告策划人让他把啤酒厂生产啤酒的详细过程跟自己讲一下，细节方面一定要讲清楚。老板虽然觉得这没有什么用，但还是抱着"死马当作活马医"的心态，把自己的啤酒厂生产啤酒的过程详细地向广告策划人讲述了一遍。

广告策划人听得非常认真，且一边听一边思索。当他听老板说到啤酒在灌装的时候要用二氧化碳吹出瓶中的氧气，以避免啤酒和氧气接触，让啤酒不变质时，他觉得这是一个很好的卖点，可以加以宣传。广告策划人把自己的这一想法跟老板说了，老板却不以为然，因为所有的啤酒都要这样灌装，不然就没办法保存。广告策划人却不这么认为，他知道这是专业人士的思维方式，消费者并不会这么想。于是他告诉老板在广告中这样写："每一瓶××品牌啤酒在灌装之前都会用二氧化碳进行严格的氧气隔绝处理，以保证啤酒的质量和口感。"

老板虽然不太相信这样的广告可以救活自己的啤酒厂，但还是试了一下。没想到广告打出之后，很多消费者都来购买这个品牌的啤酒，他的啤酒厂一下子转危为安，然后开始了销量的持续增长。

通过这个故事，观众了解到做广告时一定要站在消费者的角度去思考问题，这样才能把广告做好。

一段简短的微演讲，让观众学到了非常实用的知识。观众很喜欢看这样的微演讲，这个主播的微演讲也总是收获很多的点赞量。

　　在抖音上做微演讲，其实受众是很多的，你不用担心你的微演讲没有听众。抖音有非常多的年轻用户，这些年轻用户对于微演讲这种短小且内容丰富的形式是比较喜欢的，所以在抖音上做微演讲会让你收获很多的粉丝。

　　例子中的主播在抖音上做微演讲，取得的效果非常好。他的微演讲内容非常轻松，往往是用小故事来说明一些道理，让人们在欢乐的氛围当中学到知识。正因如此，他的粉丝数量非常多，每一次微演讲都有很多人观看。

　　微演讲的魅力非凡，尤其是对年轻人的吸引力是非常强大的。抖音的很多用户都是年轻人，所以对微演讲来说，它就像是一块天生的沃土。在抖音上做微演讲，只要能够保证质量，就一定会收获很多的观众和粉丝。如果你想要做微演讲，又对抖音这款软件比较熟悉的话，不妨在抖音上试一试。

快手微演讲人气爆棚

快手和抖音一样，也是当下火热的短视频软件之一。快手的用户非常多。三四线城市和农村的用户，在快手的用户群中占有很大的比重。这就让快手成为除了抖音之外的微演讲的又一块沃土，而且它与抖音相比，或许更适合做那种带有营销意义的微演讲，原因在于快手的"草根型"用户相对较多，所以短视频内容少了些时尚感，更"接地气"。

在快手上做微演讲的人有很多，只要微演讲的功底还可以，就可以吸引到不少观众和粉丝。和抖音一样，快手上的年轻人也非常多，他们对于微演讲这种表达方式也非常喜爱，所以微演讲在快手上也有很大的发展空间。

一位老大爷在快手上发布微演讲短视频已经有一段时间了，刚开始的时候，他主要给大家讲一些发生在过去的小故事，后来发展为给大家介绍一些老物件或者建筑物。他的微演讲短视频内容多样，而且讲解风趣。他会编出很多小段子，就像顺口溜一样朗朗上口，每一次的介绍都让人感觉很好玩，所以他的微演讲短视频很受观众的喜爱，经常收获几万甚至十几万的点赞数，评论数量也经常是几千条。不少观众把他常用的一些句子变成了"口头禅"来使用，在评论里经常使用这些句子，每次都能引来大家的点赞和围观。

老大爷的语言风趣幽默，让观众在了解到很多知识内容的同时，收获了很多的欢乐。比如，介绍一个古老的传统建筑时，他会这样说："很多粉丝给我留言说想看一看我们这里的窑洞啊！今天它来了！这座窑挖于1820年，至今已有200年的历史！你看它外表朴素，'天圆地方'，鬼斧神工，藏于地下。它生于土中，最大的特点就是冬暖夏凉啊！室外38（摄氏度），室内23（摄氏度）啊！你有豪宅大院，我有洞天神府啊！在这样的洞里，怎能不来一杯沙棘汁呢？哎呀呀……真酸爽呀！"有趣的解说，配上恰当的音乐以及远近景切换的视频镜头，让他的微演讲短视频感染力十足。

在介绍农村破旧的机动三轮车时，老大爷这样说："很多粉丝留言说想看看农村的三蹦子（机动三轮车），今天它来了！别问落地价，因为勤劳无价呀！它产自90年（1990年），在当年被誉为国产钢炮啊！你看它蓝色的车身，钢铁之躯，强劲动力，轻可拉人，重可载货呀！上山入地，无所不能啊！养家立业，开创未来啊！在90年代（20世纪90年代），关键时刻还能撩妹啊！哈哈哈……关注我，为劳动人民点赞啊！"

由于这位老大爷的微演讲短视频风趣幽默，又给人带来耳目一新的感觉，所以他很快收获了近百万的粉丝，而且每一个短视频都很火。

短视频本身就有很大的魅力，将微演讲的形式和短视频结合起来，能够产生非常强大的吸引力。例子中的老大爷用微演讲的形式制作短视频，取得了非常好的效果，让自己收获了很多的粉丝。

快手的用户通常对于一些通俗易懂的短视频内容有很大的兴趣。微演讲类型的短视频如果采用通俗而又风趣幽默的语言形式，就会吸引很多的用户，为自己赢得众多粉丝。这样的短视频内容可能会因为观看以及点赞的人数众多，成为热门的短视频。这样你的粉丝增长速度会更快，你可能很快就会成为一个"网红"。

微演讲如果讲得好，本身就有非常大的魅力。风趣幽默的语言、短小精悍的形式、人们喜闻乐见的故事内容，都会对人们产生强大的吸引力。快手上的短视频对用户有很大吸引力，微演讲同样有很强大的吸引力，这就使得快手上的微演讲总是能够惹人喜爱。

做好快手微演讲总是可以人气爆棚，所以，如果你是一个口才还不错的人，可以试一试在快手上做微演讲。即便你的口才没有那么好，你也可以做快手微演讲。你只需要事先准备好稿子，把稿子背熟，然后制作好视频就可以了。

在快手上做微演讲其实门槛并不高，因为它是录播的视频，不需要去现场直播。当然，如果你有实力，做微演讲直播也是可以的。总之，人人都可以在快手上做微演讲，只要你用心，就可以把它做好。

微演讲的广告效果令人惊叹

广告对于销售来说至关重要，一个好的广告能够让一款名不见经传的产品迅速火爆起来，不好的广告则可能导致原本优秀的产品一直默默无闻。微演讲可用来传播知识和技能，用在广告方面也会有非常不错的效果，甚至会产生令人惊叹的神奇效果。因此，将微演讲运用在广告上，产品被用户接受将不再是个难题。

人们观看广告时，第一眼可能会被精美的广告画面所吸引，但真正打动他们的往往是广告所传达的具体内容。好的广告应该将产品的闪光点明明白白地告诉受众，并且想办法将这些内容印在受众的脑海当中。受众看过一个广告之后，能够知道眼前这个产品能否满足自己的需求，如果能满足就很可能会去购买。

将微演讲和广告结合起来，用微演讲的形式把产品的优点讲出来，能让受众印象深刻，甚至会引起受众的共鸣。这样一来，受众就会对你的产品有较多的了解，也有可能会对你的产品产生亲切感，他们将会在购买同类产品时更倾向于你的产品。

中国台湾地区的男歌手、著名词曲创作人李宗盛曾经和New Balance（新百伦）合作拍摄过一个广告短片。这个广告短片是以微演讲的形式做的。在广告当中，李宗盛有一段独白，就像是用微演讲给人们上一堂关于内心思想的课，又像是以微演讲的形式来解剖自己的内心世界。这个广告的名字是《致匠心》。广告一经播出，就引起了很多人的共鸣，New Balance也因此被更多的人接受和认可。

在广告当中，李宗盛一边专心致志地工作，一边独白："人不能孤独地活着，之所以有作品是为了沟通，透过作品去告诉人家心里的想法、眼中看世界的样子、所在意的、所珍惜的。所以，作品就是自己。所有精工制作的物件，最珍贵、不能代替的就只有一个字——'人'。人有情怀、有信念、有态度。所以，没有理所当然，就是要在各种变数、可能之中，仍然做到最好。世界再嘈杂，匠人的内心绝对必须是安静的、安定的。面对大自然赠予的素材，我得先成就它，它才有可能成就我。我知道手艺人往往意味着固执、缓慢、少量、劳作。但是，这些背后所隐含的是专注、技艺、对完美的追求。"

人们看完这个广告之后，内心往往产生极大的震撼。人们被李宗盛极具感染力的独白所打动，同时也对New Balance这个品牌的产品有了一个非常深刻的印象，记住了它专注、专业、优质的品质。New Balance不需要对自己的产品进行过多的推广，就已经让人们深深记住了它。

微演讲的力量是巨大的，它往往能够直指人心。例子中的广告以微演讲的形式出现，在纷繁杂乱的广告当中，带给人一种安静的感受，同时有一种强大的穿透力，能够让人们的内心产生触动，牢牢抓住人们的心。

当时代发展的速度越来越快，当我们的生活节奏快到让我们喘不过气来时，一段散发着宁静气息的微演讲，往往就像是嘈杂环境当中的"世外桃源"一样，让人忍不住驻足欣赏，让人们的内心产生共鸣。

人们有时需要通过广告来了解产品，纯商业化的广告或许可以让人们找到自己想要的产品，但很难真正让人产生共鸣。因为这样的广告是冰冷的，也许可以起到宣传效果，但很难让用户忠实于该产品和品牌。当用户发现更好的产品时，他们会很快舍弃该产品，去选择其他产品。所以用一般广告模式来做广告，短期内虽然可以赢得用户，但用户黏性是很小的。

将微演讲和广告结合起来，广告就不再只是纯商业化的产品宣传片了，而是能够传递品牌文化，和用户交朋友，与用户产生心灵共鸣的有温度的视频短片。用户将会对产品和品牌产生亲切感，他们可能会发展成该品牌的"铁杆粉丝"，不仅选择该品牌的某款产品，还会对该品牌的其他产品青睐有加。

用微演讲来做广告，让人们在观看广告时产生心灵上的共鸣，这样有利于品牌发展粉丝经济，让品牌更受人们的认可，同时可提高用户的黏性。这对于品牌的长久发展非常有利，是移动互联网时代每一个品牌都应该重视起来的事。

微演讲类节目收视率爆炸

人是需要和别人交流的，大多数人都对交流感强的内容感兴趣。微演讲正是可以让人们产生交流感的形式，在方方面面都可以得到应用。微演讲类的节目往往很受欢迎，甚至会产生收视率爆炸的效果。

《吐槽大会》是由腾讯视频、上海笑果文化传媒有限公司联合出品的喜剧脱口秀节目。这个节目其实就是让人轮流站在台上做一段微演讲。当人们在台上做微演讲的时候，下面的观众以及屏幕前的观众都会笑成一团。

《吐槽大会》自开播起，就一直有很高的关注度，节目非常火爆。它每一期都会邀请一位话题名人，让这些名人自嘲或者被其他人"吐槽"，以产生爆笑的节目效果。无论是名人的自嘲还是嘉宾对于他的"吐槽"，都以微演讲的形式进行。

微演讲其实就是和受众进行心与心的沟通的过程，也是展现真实自我的过程。《吐槽大会》以微演讲的形式来和受众产生心与心的共鸣，可让人们看到一个更为真实的名人。《新京报》评论《吐槽大会》时这样说："卸下名人防御的外壳，还原最真实的自己，才是腾讯视频《吐槽大会》希望达到的目的。作为当下的流行语，'吐槽'友人也是一门手艺，既要直戳软肋，又要把握最恰当的分寸；作为被吐槽对象，也需要有豁达和轻松的好心态。"

《吐槽大会》自上线之后，就一直受到网友的追捧。它成为百度百科2017年3月"十大热词"之一，是第一个成为百度百科"十大热词"的网络综艺节目，百度指数峰值达到了1 011 435之高。百度收录的相关新闻报道达121 000篇，微信公众平台上的相关内容达9 680篇，很多媒体都对节目进行了深入报道或专访评述。在社交网络上，《吐槽大会》微博话题的阅读总量超12.71亿次，热播期间持续霸榜29次，互动量高达162万人次，整体覆盖人群超过10亿。

《吐槽大会》已经做了好几季，每一季都收视火爆。这不仅是因为《吐槽大会》本身有魅力，还因为微演讲受人们欢迎。

微演讲就像是演讲者面对面和人们闲聊，它的感染力非其他节目形式可比。在国外，一些优秀的脱口秀类节目非常受欢迎，收视率非常高。其实，脱口秀本身就可以算是一种微演讲。《吐槽大会》是国外脱口秀节目本土化的变种，它的收视率一路高涨，说明它做得非常成功。由此可见，微演讲类节目有非常多的受众，能够赢得受众的喜爱，有很好的市场前景。

《奇葩说》是一档由爱奇艺出品，米未传媒制作的说话达人秀节目。《奇葩说》一开播，就受到了网友的关注和喜爱。

《奇葩说》也采用了微演讲的形式，它通过谈话或者辩论的方式来做节目，赢得了观众的喜爱。各位参与选手表面上名为"奇葩"，实则通过自己的观点，为人们眼中的"奇葩"正名。一大波"奇葩"分子用"奇葩"方式传递"奇葩"观点，其实本身并不是真的"奇葩"，只不过显得有些"奇葩"而已。

在生活当中，很多人都无法做真正的自己，因为在意别人的眼光。那些做真正的自己的人，在别人眼中往往就是一个"奇葩"。《奇葩说》用微演讲的形式给观众展示了一个更加真实的世界，让观众看到了更加真实的人及其内心世界，所以它和观众产生了共鸣，赢得了观众的喜爱。

微演讲是一种能够与受众交心的表达方式。在做节目时，以微演讲的形式来做，很容易引起受众的共鸣，进而让节目受到人们的喜爱。《奇葩说》当中的很多观点看起来比较新奇，能够直指人心，所以它赢得了观众的心，也让节目一直非常火爆。

用微演讲的形式来做节目往往会有非常好的效果，能够让收视率呈现爆炸式增长。在移动互联网时代，人们观看视频的渠道越来越多，观看视频的数量越来越大，对视频的内容变得更加挑剔。微演讲类节目能够和人们的内心产生共鸣，即便是再挑剔的人，也很难对其产生厌烦的情绪。相对于一些只注重包装的节目，微演讲类节目就像是一股清澈的细流，滋润着人们的心田。

会微演讲的人处处受欢迎

现在，人们的生活节奏越来越快，无论是在生活中还是在工作中，都对小而精、小而美的内容格外青睐。在谈话方面，人们也希望谈话的内容能够精炼一些，不要长篇大论。在这样的时代背景下，会微演讲的人往往更受欢迎，因为他们能够很精练地表达自己想说的内容，同时也能够很好地向人们展示自己，从而赢得大家的喜爱。

讲话能力对每一个人都非常重要。一个会讲话的人，他讲出来的话别人愿意听，容易打动别人；一个不会讲话的人，他可能一张口就得罪了别人，在人际交往当中处处碰壁。会微演讲的人一定是很会讲话的人，因为在做微演讲的时候，他知道怎样讲话能得到别人的认可，怎样表达自己才更容易被人接受。

一个会微演讲的人，他平时的谈吐会很优雅。所有和他接触过的人，都会对他产生良好的印象。他能够结交到很多的朋友，无论他走到哪里，都会受欢迎。

罗振宇是得到App创始人、《逻辑思维》主讲人、《时间的朋友》跨年演讲主讲人、知识类脱口秀《知识就是力量》主讲人。他可能比不上讲话特别深刻的学者，也可能不算是一个博古通今的牛人，更不是能预知未来的先知，但他自从2012年开始做脱口秀节目《逻辑思维》以来，吸引了众人的目光，收获了很多粉丝，成为一个现象级的人物。

罗振宇之所以那么受欢迎，主要还是因为他微演讲做得好。他曾经每天发布60秒的语音，一直坚持了相当长的时间。60秒的语音，时间很短，在这么短的时间里表达出自己的观点，是很考验表达能力的。罗振宇坚持录60秒语音，不但表明了自己的决心，培养了自己的毅力，更重要的是锻炼了自己的表达能力，让自己把微演讲做得更好。微演讲的能力让他受益无穷，也是他处处受欢迎，做什么都能做得风生水起的重要原因。

罗振宇的跨年演讲《时间的朋友》，从2015年开始，连续几年于每年的12月31日晚定期举办。在跨年演讲上，罗振宇会总结这一年里发生的一些标志性事件，会讲一下当前的市场环境，也会展望一下未来，顺便提出一些自己的看法。事实证明，他的观点并不一定是正确的，却能带给人们一些思考。最为关键的是，他的演讲能引发人们的思考，使人们增加一些知识，让人们能够充实自己。微演讲其实也是如此，演讲的内容并不一定绝对正确，但如果能够引发人们的思考，就会有一定的积极效果。

罗振宇非常善于用微演讲去引发人们的思考，而且经常会讲一些具体的小故事。比如，他在2018年的跨年演讲中讲到快手。他说："这两年，有一家公司快速崛起，叫快手。去年这个时候，快手的日活跃用户大概是3000多万，今年12月，我见到快手创始人宿华的时候，它的日活跃用户已经过亿。这是什么概念？按照任何标准，（它）都已经是非常大的互联网产品之一了。我问宿华这是为什么。他先给我讲了一个故事：'有一个老人，在快手上陪了我一年了，每天晚上他都要表演一段拉二胡。有一天，我突然发现，不对啊，拉二胡一般都是右手持弓、左手握弦，而这位老人家是反的。这有两种可能，一种他是左撇子，这个可能性比较小。还有一种可能，他是一个孤独的老人，要么单身，要么与老伴离婚或者老伴去世。所以，他只能自拍。这种生活其实一直都存在，但是不可能被记录下来。为什么？因为电视台的摄影记者爬不了那么高。为什么现在可以被记录？因为这些人每个人都有一部手机，而且在深山中都有网络。最难被互联网世界连接的人、最难被记录的人、那些社会底层的人，就这样因为短视频，被接入了这个时代。'"

如果罗振宇直接告诉大家一个结论，就无法激发人们的思考。而通过讲故事的方式，罗振宇不但推出了自己的观点，而且引发了人们的主动思考。这正是他演讲的魅力所在，也是微演讲的重要作用之一。

语言是一门艺术，微演讲则将语言的艺术发挥得淋漓尽致。会微演讲的人，不一定在专业技能上很优秀，但他能够通过话语让人们去思考，把自己的内心世界展示给大家看，引起大家的共鸣。

会微演讲的人处处受欢迎，因为他会表达、会交流，能够和别人交心。对于一个会微演讲的人来说，他能交友遍天下。

第 2 章

短视频演讲
人人都该学会

这是一个短视频备受欢迎的时代，短视频正渗透到我们生活和工作中的方方面面。短视频演讲不仅主播们要学会，人人都应该学会。

人人都喜欢看短视频

　　短视频在近几年非常火爆，无论是快手、抖音还是西瓜视频上的短视频，都有非常高的人气。几乎每个人都有过看短视频的经历，也几乎是人人都喜欢看短视频。

　　短视频不会占用人们太多的时间，它将人们碎片化的时间充分利用起来，让人们在无聊的时候，有事情可做，所以自然会受到人们的喜爱。短视频符合时代发展的需求，很快就成为移动互联网上的宠儿，短视频行业也得到了飞速发展。

　　现在很多人喜欢用手机观看电影、电视剧，有时在观看的过程中，可能会觉得视频的时间太长，于是选择快进观看。尤其是一些比较无聊的剧情，人们更是会跳过去不看。短视频通常时间非常短，整个视频的内容往往都是精华，一般不需要人们去快进观看。即便有些短视频的内容不够紧凑，由于时间很短，也不需要去快进。正因如此，短视频总是能够带给人很好的观看体验，这也是它受人喜爱的重要原因之一。

　　papi酱之所以在短时间内变得非常火爆，就是因为她的短视频崇尚真实、幽默风趣。papi酱的短视频实际上和大部分的短视频差不多，都是以风趣幽默的语言风格为主，结合人们比较关注的一些热点内容来做。虽然大部分短视频都用这样的套路，但由于这种短视频的市场需求非常庞大，所以根本不影响它的火爆程度。

papi酱作为一个女性短视频创作者，对于女性的心理把握非常到位，所以在制作短视频时可以更多地迎合女性受众的喜好，这使得她的短视频非常受女性用户欢迎。很多比较火爆的短视频都是由男性创作的，papi酱作为女性创作者显得弥足珍贵，也显得与众不同。于是，papi酱便从众多的短视频创作者当中脱颖而出，在短时间内迅速蹿红网络，成为知名度非常高的短视频创作者。

papi酱的短视频具有非常强大的吸引力。即便是不认识她的人，或者对短视频本来没有太大兴趣的人，看过她的短视频之后，也会被她的短视频深深吸引。

每年的"双十一"，都是电商们狂欢的节日，也是人们网购的一个重要的日子。不过，"双十一"的各种优惠套路总是让人不胜其烦，papi酱从这个角度出发，制作过一个非常有趣的短视频。

看一下活动页面吧，还有什么优惠的？定金100抵200？哦，这个不错，很划算。定金50抵100？唔……定金20抵60，定金30抵45，定金10抵15，定金20"双十一"当天可抵扣20？这不是没有优惠吗？20减20……

喂，客服吗？哎，我想请问一下，你们那个"定金20抵20"是什么意思啊？哦，保证当天可以买到是吗？那你们优惠多少啊？原价啊？原价你参加什么"双十一"啊！

算了算了，不买了！哎？看看别家是不是会有优惠。原价1395元，预售价509元，领券立减30元，20元定金，两倍膨胀……膨胀？什么膨胀？谁膨胀了？

喂，是客服吗？我想请问一下：什么叫作"膨胀"啊？噢，就是"翻倍"是吗？那你们直接写翻倍不就行了吗？

我去，挂我电话？不买啦！

> 满499元减200元？哎，这个很好，这个很实惠啊！我看一下我要买的衣服是多少钱。399元！
>
> 原价8999元，现价6899元，定金100元，膨胀10倍，可抵1000元，优惠券10元……
>
> 喂，请问是客服吗？嗯，没错，又是我。请听题！原价1699元，优惠券30元，跨店优惠券满200元减20元，店铺优惠券满999元再加购指定商品立减300元，以上所有优惠可叠加使用，你告诉我最后到底多少钱。你别跟我说这些，我就问你到底多少！这样，你有没有你们老板的电话？你把他电话给我，我问问他，他到底还管不管这事儿了！
>
> 我去，又挂我电话！

papi酱的短视频总是能够把人逗得哈哈大笑。实际上大部分的短视频都具有把人逗笑的属性，这并非papi酱的短视频所独有的特性。而且，大部分短视频的制作者可以火爆起来，除了因为他们本身将短视频制作得比较好之外，更主要的是因为这是一个人人都喜欢看短视频的时代。

正因为人人都喜欢看短视频，所以短视频的市场非常庞大。只要你能够将短视频做得比较好，就能收获一批受众，为自己赢得众多的粉丝。

短视频正在颠覆传统自媒体

传统自媒体有一段时间非常火爆。人们观看传统自媒体的内容，就像是和一个好朋友谈话一样，会觉得身心愉悦。有的甚至会上瘾，一天不看就受不了，有种"一日不见，如隔三秋"的感觉。

随着短视频的火爆，传统自媒体似乎不那么受人们关注了，很多人开始将关注点从传统自媒体转移到短视频上。其实这一点儿都不奇怪，因为短视频和传统自媒体相比，优势非常明显。传统自媒体包括微信、微博、贴吧论坛等，往往以文字为主，虽然也会有一些视频内容，但并不多。短视频本身就是以视频的形式呈现，而视频正是当今时代大众最为喜爱的一种内容形式。

以前网速比较慢的时候，人们热衷于阅读文字。后来网速提高了，人们开始关注图片，对文字没有那么热衷了。现在人们更偏爱短视频，有时图片和文字很难激起人们观看的热情。可以说，这是信息传输速度爆炸的一个时代，同时也是短视频的时代。

论互动性，传统自媒体的互动性很好，而短视频的互动性也不弱，甚至可以说比传统自媒体更强。传统自媒体的互动方式是用户在下方评论留言，如果要观看这些留言，人们还必须一页一页往下翻。所以，传统自媒体虽然有互动，但大多数人看到的其实只是前排的那些留言，很少有人会耐着性子一直看完全部的留言。有些短视频不同，其有弹幕。人们在观看短视频的时候，如果开启弹幕功能，就可以顺便看完全部的留言。如果从这方面来看，短视频的互动性其实是优于传统自媒体的。

短视频在很多方面都比传统自媒体更惹人喜爱，所以它逐渐颠覆传统自媒体，也是在情理之中。传统自媒体会逐渐凋零，但不会彻底没落，它应该还会有自己的一席之地，只是市场会缩小。

> 网络数据显示，用户每周平均观看短视频的时间长达15.6小时。有些"重度用户"每周观看短视频的时间超过20小时，平均每天观看短视频的时间在3.8小时以上。这部分"重度用户"大概占总用户数量的1/4，这个比例算是很高了。人们观看短视频的频率更是高得吓人，有85%以上的用户平均每天都会观看1次以上的短视频。从整个短视频市场来看，它每年的市场规模增长率都非常大，似乎拥有无限的市场潜力。

无论从哪一方面看，短视频颠覆传统自媒体似乎都已经成为定局。短视频的确拥有无与伦比的魅力，对用户的吸引力非同凡响。当人们看多了文字和图片，突然看到一条生动、鲜活还有趣的短视频时，往往一下子就会被吸引住，并一头扎进短视频堆里，再也不想回到图片和文字的"怀抱"当中了。

短视频带给用户的体验是全新的，它不像长视频那样占用人们太多的时间，它的内容是精华，魅力非凡。人们在观看图片和文字的时候，注意力可能很快就会分散，但在观看短视频时，只要短视频的内容不无聊，人们的注意力往往会始终集中在短视频上。所以在抓住人们的注意力这一点上，短视频就已经获胜。

静态的文字和图片会有感染力，但它们的感染力很可能比不上短视频。至少对大部分不是特别有文艺细胞的人来说，短视频对他们的吸引力远超文字和图片。在短视频当中，精彩的画面配合动人的音乐，再加上剧情的渲染，能让大部分人产生代入感，有身临其境的感觉。短视频的这种强大的感染力，赢得了绝大多数人的喜爱，这为它的火爆奠定了坚实的基础。

传统自媒体能够成为人们的一个"虚拟"的朋友，人们会对它产生依赖感，甚至会对它上瘾。短视频可能无法给人一种"它是一个特定的朋友"的感觉，但它永远鲜活，它的内容千变万化，它的趣味性一直很强。它总是能不断带给人们欢乐，却又不会占用人们太多的时间。

短视频就像是一个专门来逗人开心的幽默大师，它不需要像传统自媒体那样做人们的知己好友，用自己独特的光辉照亮别人，带给人们无限的欢乐。它会颠覆传统自媒体，而且会在未来很长一段时间里一直受到人们的青睐。

用短视频做微演讲效果更佳

　　短视频是深受人们喜爱的一种内容传播形式。用短视频来做微演讲，与普通的微演讲相比效果更佳。

　　演讲其实就是通过语言和受众沟通，表达自己的观点，让受众和你产生共鸣，继而让他们接受你的观点。短视频能够引起受众的兴趣，让受众的注意力更加集中，也使他们更愿意去动脑筋思考你所说的话。所以用短视频来做演讲，能够更好地与受众互动，也就可以取得更佳的演讲效果了。

　　用短视频来做演讲，做出的演讲比较短小精悍，不会占用受众太多的时间。所以用短视频的形式来进行演讲，即便是喜欢长篇大论的人，也会主动把普通的演讲变成微演讲，因为时间上不允许他长篇大论。

　　某主播以前在视频网站上做视频类的演讲。他的视频一开始收获了不少的受众，也让一部分受众成了他的粉丝。该主播看到受众认可自己的视频作品，在制作视频的时候更有动力了，也更加用心了。

　　但是在一段时间之后，主播发现自己的粉丝数量不再增长，视频的观看量也开始走下坡路，有一部分原本活跃的粉丝，现在似乎也不怎么活跃了。这位主播觉得很奇怪，不知道为什么受众不再像以前那样喜欢看自己的视频了。他仔细检查了一下自己近期的视频作品，觉得质量没有太大的问题。于是他在视频中向受众征询意见，问大家喜欢看什么样的演讲内容，是不是自己的视频演讲不合大家的口味。在受众的回复当中，主播发现其实大家对于视频的内容并没有太多的意见，只是对视频的长度有点不太满意。现在以短视频为主流，大部分人都习惯了看短视频，对于太长的视频有一种抵触的心理，没有那么多的耐心将它看完。

了解了大家的想法之后，主播觉得自己确实也应该反思一下，跟上时代的步伐，多做一些短视频演讲的内容。他决定先停止更新几天，对自己的视频内容进行一个大的调整，将长视频变为短视频。

经过对视频长度的调整，该主播为了压缩演讲的时间，将普通的演讲变成了微演讲。在演讲时，主播将演讲中所要讲的精华内容集中起来，让整个演讲变得特别有料，也使得他的演讲感染力更强了。

经过内容调整，该主播的短视频演讲吸引到了更多的受众，他的粉丝数量也开始增长，他变得比以前更火了。

微演讲是时代潮流，短视频同样是时代潮流，将短视频和微演讲结合起来，就可以产生强强联合的效果，大大提高微演讲的表现力和感染力。所以用短视频来做微演讲效果会非常好，短视频的时长很短，即便是没有微演讲意识的人，也会在时长的限制下，自发地将自己的演讲变为微演讲。

例子中的主播一开始没有跟上时代的步伐，一直按照自己的习惯，做普通的视频演讲。直到他发现自己的粉丝数不再增加，受众对他的视频关注度也不像从前那么高了，他才开始思考哪里出了问题。等到他将自己的演讲变为短视频演讲之后，他的受众又开始增加，粉丝也越来越多了。

短视频的内容形式深受人们的喜爱，它不会占用人们太多的时间，却能够向人们传递很多的内容。短视频和演讲的结合是时代发展的趋势，有必然的因素在里面。演讲本身就是越短越好，越是简短精悍的演讲，越能产生强大的感染力，带来震撼人心的效果。

　　英国前首相丘吉尔是个非常优秀的演讲家，他的演讲就以简短著称，有时候甚至只有一句话，但是他的演讲总是非常震撼人心，甚至能够打动整个国家的人。

　　越精短的演讲，往往越是优秀的演讲。用短视频来演讲，演讲时间一定会变短，这就使得演讲者必须精简自己的演讲内容，将精华部分选取出来。无形之中，演讲者就会将自己的演讲做得更加精练，于是他的演讲能力会变得越来越强，他的演讲也会做得越来越好。

　　用短视频来演讲，是演讲的内容形式和短视频的内容形式产生共鸣的结果。即便你是一个习惯于传统演讲的人，也不要对短视频这种新兴事物产生抵触心理，更不要对短视频演讲不屑一顾。你不妨试着去做一做短视频演讲，可能你很快就会爱上它，并折服于它的魅力。

短视频演讲是传播知识的新路径

在移动互联网时代，信息技术得到了前所未有的发展，知识的传播变得比其他任何时候都更加方便。现在很多人喜欢在网络上观看一些短视频类的教学内容，通过这种便捷的方式来增加自己的知识量。短视频演讲是传播知识的新路径。通过短视频演讲来传播知识，往往会比普通的短视频教学更加生动有趣，更受人们的喜爱。

在学习的过程中，人们的注意力通常会非常集中，比较容易累。人们保持高度注意力的时间一般在20分钟左右，超过20分钟，注意力就会逐渐涣散。短视频演讲短小精悍，演讲的过程风趣幽默，能够在人们保持注意力的时间里，将知识内容有效传播给他们。因此，用短视频演讲来传播知识是非常好的选择。

李永乐老师经常在哔哩哔哩网站上通过短视频的方式给大家讲授知识。在李永乐老师的一次短视频演讲中，他讲了很多关于数学名人的趣事，人们听得兴趣盎然。

以下是他所讲的一部分内容。

各位同学，大家好！我是李永乐老师。今天我们继续来研究黎曼猜想。黎曼猜想为什么这么重要呢？因为它与现在数学中的许多结论紧密地联系在一起，尤其是与质数的分布联系在一起。质数是数学界几千年以来一直非常感兴趣的一个话题，现在的密码学也是基于质数的。如果质数被人们彻底破解，那么现在的密码学就要重新改写，所谓的比特币、数字货币这些东西都要重新设计。那么质数到底有什么特点呢？质数是有限个还是无限个呢？它与黎曼猜想有什么关系？今天我们来稍做解释。

我们首先来了解一下质数。什么叫质数？我们上小学的时候就知道，只有1和它本身两个约数，这种数就叫质数……

人们很早就在研究，质数到底是有限个还是无限个呢？我们来看，质数应该是无穷多个。质数有无穷多个，这个大家猜一猜是谁最早证明出来的？是古希腊的数学家欧几里德……

虽然人们很早就知道质数有无穷多个，但是质数到底是怎么分布的？我们能不能由前一个质数推出后一个质数？这是人们一直在寻找的方法，但是都没有找到。那么在古代的时候人们是怎么获得质数的呢？比如，有一个古希腊人，他其实是埃及人，但是在古希腊时期，这个埃及人的名字叫埃拉托色尼。大家对这个名字有印象吗？埃拉托色尼其实就是测出地球半径的那个人。以前我们也讲过这个人，他提出了一种方法，就是埃拉托色尼筛选法……

中世纪的时候数学没什么太大发展，直到后来神人欧拉出现，才终于又把质数的研究向前推进了一步。我们在上一节课的时候讲到欧拉求出了一个级数……

质数定理和素数定理到底是谁提出来的呢？首先我们要说一个人物，就是高斯。高斯是与欧拉齐名的数学家，他在小时候就对数学非常痴迷。比如，他小时候玩游戏，玩什么游戏呢？你说我现在玩《王者荣耀》，是吧，我现在玩"吃鸡"（游戏《和平精英》的简称），人家高斯15岁的时候玩的游戏可高级了。他在数轴上找一段，这一段一共

> 有1000个数，他把这1000个数里面所有的质数都找出来，数数有几个，然后用质数的个数除以1000，看一看质数分布的密度有多少。他没事找1000个，没事找1000个，结果高斯发现……

李永乐老师在讲课的过程中非常幽默，总是能够联系现实，将知识和人们的生活紧密结合在一起，赢得了很多人的喜爱。他的哔哩哔哩账号拥有100多万粉丝，每一条短视频发布之后都会收获很高的播放量和点赞量。

用短视频演讲的方式来传播知识，往往比传统的讲课模式更有吸引力。在进行讲解的过程中，演讲者会尽力将知识内容压缩，把可有可无的内容删去，所以人们听到的就是最为精华的部分，这能令人们的注意力高度集中。如果演讲者的演讲风格风趣幽默，人们就会更爱听他的讲课内容，甚至会听上瘾。

善于利用短视频演讲的方法来传播知识，知识的传播就会变得更加快速和有效。

广告以短视频演讲的方式来做会更受欢迎

广告应该在短时间内赢得人们的心，这样的广告才有宣传作用。短视频演讲往往能够在很短的时间里对人们产生强大的吸引力，所以如果能够用短视频演讲的方式来做广告，一定能够受到大家的欢迎和喜爱，取得很好的广告效果。

实际上，早就有不少成功的短视频广告，只不过很多短视频广告都是以短故事的形式来表现的，使用短视频演讲的方式来做广告的并不多。不过，短视频演讲的方式有更强烈的打动人心的效果，因为虽然画面会对人产生视觉冲击效果，但语言和文字相比视频画面有更深入人心的力量。视频中的语言和文字是可以直指人心的，会让人记忆非常深刻，这正是可以用短视频演讲做广告的根本原因。另外，由于用短视频演讲的方式来做广告的人并不多，所以它会显得更新颖，更有吸引力。

短视频演讲广告的实际应用案例现在还并不是特别多，但是它取得的效果是有目共睹的。

短视频演讲广告的一个非常典型的例子是小米的广告。

小米公司的营销一直都做得非常好。刚开始的时候，它根本就不做广告，凭着用户的口碑就取得了非常好的营销效果。后来它开始做广告，并且一直都把广告做得非常好。

　　小米公司每次发布新产品时都会召开发布会。雷军一般会在发布会上给小米的产品做宣传，他的宣传常以微演讲的形式出现。雷军很会做微演讲，能够把现场观众的情绪充分带动起来，将小米的产品宣传得很好。所以小米在雷军的带领下，所有的宣传工作都是以"小而美"的方式来开展的，让人们在很短的时间内爱上小米。人们不但不会对小米的宣传产生反感，反而会对这种精炼的宣传方式着迷。

　　小米的一些广告采用的是短视频演讲的方式，这不但能够迅速抓住人们的心，还可以让自己的产品显得更有格调。当人们在众多普通广告当中看到小米的短视频演讲型广告，往往会眼前一亮，对小米的广告产生兴趣。

　　小米8周年的时候有过一个"快闪"短视频广告，采用的其实就是短小精悍的微演讲模式。广告一开始就显示出"小米8周年"的字样，然后显示小米数字系列的旗舰手机。

　　超美：AI变焦双摄，DXO超100分的相机，100、101、102、103、104、105。比人优秀，还要比人美。超美的AI影棚光效。窗边光、树叶光、波点光、彩虹光、电影光，美上加美，美美美美美……

　　超快：年度旗舰，骁龙845。惊人的跑分——301472，快在起跑线。NFC快、应用快切快、玩大型游戏快，特别优化，就是特别快！

　　超准：全球首款双频GPS，超精确定位，精度提升3倍。盲开也能开，路痴救星。导航准、叫车准、找餐厅准、找朋友更准，准！

　　超酷：红外人脸解锁。白天解锁，OK；黑夜解锁，OK；变个造型，OK；照片解锁，这个真不OK。超酷的安卓首款"Face ID"，超酷的3D结构光技术，还有米萌，跟你一样的萌，酷到骨子里！全球首款压感屏幕指纹识别，识别率大大提升，秒天、秒地、秒解锁，酷到没朋友。还有更酷的？透明探索版！透明？透明！一眼望穿的酷，从里到外的酷，酷！

超美、超快、超准、超酷！骁龙845 AIE处理器，全球首款双频GPS，全球首款压感屏幕指纹识别，安卓首款"Face ID"，前置红外镜头解锁，三星AMOLED广色域全面屏，四曲面玻璃＋金属中框，AI场景相机，识别206种场景，AI短视频剪辑，前置20MP大像素相机，3400mA·h电池，多功能NFC……

精简而有力度的介绍，让人们一下子就被小米的这款旗舰手机吸引住了，并对它产生了深刻的印象。事实证明，小米的广告做得非常出色，小米的这款手机也卖得非常火爆。

用短视频演讲来做广告，广告的效果会非常好。雷军是一个演讲的高手，在他的引导下，小米在广告这方面一直都走"小而美"的路线，其实深合微演讲的短小精悍的特点，所以它的广告总是能够打动人心。

在做广告的时候，人们可以考虑使用短视频演讲的形式。在短视频演讲受到人们喜爱的今天，短视频演讲型的广告本身会对人们产生很强的吸引力，如果你的广告内容做得比较好，就可以取得更好的营销效果。

短视频演讲快速增强表达能力

表达能力对于每个人来说都非常重要。一个人的表达能力强，他的人际关系往往就会好，会受到大家的欢迎。在这个短视频深受人们喜爱的时代，如果你的表达能力不好，就会在很多方面受到限制，也会在与他人的竞争当中处于劣势。

短视频演讲对于提升个人表达能力有很好的作用，可以帮你快速增强表达能力。在做短视频演讲的过程中，大部分人都采用录播的模式，你可以像按照剧本表演一样去做演讲。这对于刚开始演讲的人来说，有非常大的好处，有助于使思路往微演讲方面靠拢。当你能够熟练地面对镜头演讲时，你就渐渐熟悉了微演讲。有一天你或许可以脱稿演讲，这时候你就达到一定的水平了，你的表达能力也就进入了一个新的层次。

某主播在视频网站上做短视频，他很用心，但似乎并没有得到大家的认可。每次他的短视频播放量和点赞量都不多，他的粉丝数量也增长得非常缓慢。该主播有些苦恼，不知道怎样才能吸引人们的注意，怎样才能赢得人们的喜爱。

该主播在视频网站上浏览其他人的视频时，发现有些人用微演讲的形式来做短视频，取得的效果非常不错，视频下方基本上都是表示喜欢这个视频的评论。看了别人的视频之后，该主播想了很多，他觉得自己可以通过演讲的形式来增强自己的表达能力。演讲对于表达能力是有很高要求的，用演讲的形式来要求自己，那么表达能力一定会有所提升。由于使用短视频的形式来做演讲，没有在现场做演讲那么大的压力，所以他有足够的时间做准备，也不用担心在演讲时会出丑。

主播觉得用短视频做演讲是种非常不错的提升表达能力的方式，于是开始做起了短视频演讲。他一边做短视频演讲，一边研究自己的演讲。刚开始的时候，他觉得自己的短视频演讲做得不好，与其他主播的短视频演讲相比差距很大。他不断挑自己的毛病，不断改进自己的短视频演讲。一段时间之后，他对比自己的第一期短视频演讲和现在的短视频演讲，发现进步非常明显：他在演讲时表现得更加自如，语句也更加通顺了。不仅如此，他在制作短视频时也不需要进行那么多次剪辑了，基本上可以"一镜到底"地将内容录制下来。

主播对自己的进步比较满意，人们也开始喜欢上他的短视频演讲，粉丝数量持续增长。

短视频演讲是未来短视频发展的一个非常重要的方向。如果不会短视频演讲，就意味着你没有跟上时代的步伐。用短视频演讲来增强表达能力，将会收到很好的效果。例子中的主播一开始表达能力并不是很好，通过短视频演讲，他的表达能力得到了快速提升，他的演讲也越做越好，为自己赢得了更多的受众和粉丝。

演讲能力对于移动互联网时代的人来说非常重要。一个具备良好演讲能力的人，在任何一个行业都会拥有更多的优势，会显得比其他人更优秀，自然会受到更多的关注。无论是你的领导、同事，还是其他人，都将对你另眼相看。

用短视频演讲来快速提升自己的表达能力，你就可以在短时间内变成一个会演讲的人，这对于你未来的发展有巨大的好处。当你在工作中需要和他人沟通时，你会更有优势；当你需要和自己的同事合作时，你的表达能力能使你们的合作更愉快；当你和他人产生矛盾时，你的表达能力则有可能瞬间化解矛盾。

所以，不要觉得短视频演讲只是主播们的事，也不要觉得表达能力强不强对你来说无所谓。只要你处于一个集体环境当中，表达能力就对你非常重要。它可以让你给周围的人留下更深刻的印象，它可以让你显得更有能力，它可以使你的生活和工作都变得更加轻松。

要摈弃短视频演讲只适合某一种行业的固有观念，重新认识短视频演讲，打开你的思路。无论你从事什么工作，都不妨试着去做一做短视频演讲，你将受益良多。

第 3 章

段子
让微演讲笑点倍增

段子能够逗得人哈哈大笑，能够让人瞬间产生浓厚的兴趣。把段子加入微演讲当中，你的微演讲就会笑点倍增，会产生爆炸性的吸引力。

人人都爱段子手

　　段子是很多人都喜欢听的，因为它的内容非常有趣，总是能够把人逗得哈哈大笑。在紧张忙碌的生活和工作之余，听一听段子，让自己的心情得到放松，这是很多人都喜欢做的事。在移动互联网时代，人人都爱段子手。

　　很多综艺节目受到人们的喜爱，能够带给大家快乐的明星拥有很多的粉丝。明星们除了用自己的优良品格和优秀的专业素养来吸引人，有时候还凭借优秀的段子来赢得大家的欢笑，收获一大批粉丝。

　　杨幂一直都有很多的粉丝，她从事影视行业已经很多年了，一直受到人们的喜爱。杨幂的性格很开朗，这让很多粉丝对她青睐有加。杨幂其实也是一个很好的段子手，总是能够在互动时，以风趣幽默的段子带给大家欢乐，这让大家对她更加喜爱。

　　网上有人说杨幂唱歌不好听。有人调侃道，自己本来病得就要死了，结果听到收音机里在放杨幂的歌《爱的供养》，实在是受不了她的歌喉，所以就挣扎着起来，把收音机关掉了。杨幂听了却一点儿也不生气，还说自己唱歌原来可以治病救人。不仅如此，她还在微博上和别人互动时把《爱的供养》当成一种可以"救死扶伤"的方法来说。这些做法让杨幂显得大气而可爱，获得不少人的喜爱。

除了唱功不好，还有些人说杨幂的脚臭。在一档综艺节目上，杨幂说工作了一天自己的脚有些味道，就这样，她脚臭这一说法流传开了。说一位女性脚臭，这是大多数女人都无法接受的，可是杨幂还是不生气。当网友在平安夜发出这样的内容时——"圣诞老人悄悄爬进杨幂的房间，拿出礼物，打开袜子，就没有然后了……"，所有人都知道这是在说杨幂脚臭，她的袜子把圣诞老人熏晕过去了。一般人看到自己这样被"黑"，肯定会非常生气，可是杨幂回应说："圣诞老人，你还好吗？"并且她还在和别人的互动中，用《爱的供养》来对圣诞老人进行救治。

杨幂把别人调侃自己的内容全都变成段子，不但将别人的攻击轻松化解，还显得自己幽默和大气。这让很多本来不喜欢杨幂的人喜欢上了她，那些曾经攻击过她的人，也在不知不觉中变成了她的粉丝。

能够将别人的调侃当成段子来说，这显示出了杨幂的幽默和大气。这些内容本来是攻击杨幂的，反而让她更受人喜欢了。由此可见，段子对于明星来说，作用非常大。它能够让明星将攻击化解掉，还能帮助明星赢得更高的人气。

段子对明星那么有用，对普通人呢？也有非常大的作用，用段子可以让我们的人际关系变得更和谐。当你用段子把别人逗乐时，你们之间的关系也就变得更加和谐了。

郑经理是一个很会讲段子的人，经常用段子把别人逗乐。因此，郑经理总是给人一种很亲近的感觉，别人在他面前也不会感到拘束。

有一次，员工小田在工作中出现了失误，给公司带来了不小的损失。小田感到非常慌张，担心公司会让自己赔偿损失。在不知道该如何是好的惶恐之中，小田打算赶紧辞职。

当小田拿着写好的辞职信来到郑经理的办公室时，郑经理微笑着让她坐下，对她说："有一个老板，他非常优秀，员工却总是主动辞职。你知道辞职的员工都是怎么说的吗？'老板，你太优秀了，我们跟你一比，显得一无是处，所以我们只好辞职不干了。'于是，这个老板就成了经常被员工炒鱿鱼的人了。"小田听到这里，一下子乐了："哪有这样的老板？"郑经理说："但是有这样的经理啊，你想让我变成被你炒鱿鱼的经理吗？"小田听他这么一说，心情好多了。郑经理又表示，其实她犯错没有关系，只要她以后能够做得更好，就可以弥补自己的错误造成的损失，而不应该选择逃避。小田听从了郑经理的劝告，以后工作更努力了，给公司创造出了更大的价值。

段子往往能够在人与人交往时充当润滑剂，让人际关系变得更好。当然，就像上面的例子中一样，段子也能消解一些人的负面情绪。

人人都爱段子手，因为段子手总是能够带给人欢乐。学着说段子，做一个幽默的段子手，你一定会更受大家的欢迎。

段子让你的微演讲充满笑点

人人都喜欢听段子，那么在微演讲中加入段子，会有什么样的效果呢？微演讲本来就对人有很强的吸引力，在微演讲当中加入段子，往往可以使你的微演讲充满笑点，对人产生更强的吸引力。人们或许会将你的微演讲当成不可错过的节目，十分期待听到你的微演讲。

段子总是很受人们欢迎，在生活和工作中无聊时讲一个小段子，让大家笑得前仰后合，气氛一下子就能活跃起来。如果在微演讲中穿插一些有趣的段子，你的微演讲就不会让人感觉枯燥。段子在微演讲中的妙用还有很多，比如可以调节气氛、缓解尴尬、增强吸引力等。

微演讲本来就受人们的欢迎，加入段子之后会变得笑点十足，自然就更受人们喜爱了。微演讲本身时间很短，如果在微演讲中插入一个很长的故事，显然是不行的。段子通常很短，和那些长篇大论不同。在微演讲当中插入几个段子，听众根本不会觉得时间被拉长了，还会被段子带来的幽默气氛所感染。在微演讲中加入精简的、有趣的段子，能迅速拉近自己和听众的距离，效果会非常好。

斯坦福大学曾经做过一次调查，结果显示：一个小宝宝每天会笑300次左右，一个性格非常成熟的成年人，笑的次数则会大大减少。当一个人的年纪超过35岁，除去人际交往中的假笑，以及无奈的苦笑，他平均每天笑的次数只有15次。和小时候相比，成年人似乎在生活中并不那么快乐。

正因为大多数人在生活中感觉不到快乐，工作中的压力往往也很大，所以段子才会那么受欢迎。段子用精简的小故事给人的精神带来新奇的刺激，同时它所包含的幽默成分让人能够开怀一笑。在微演讲中加入段子，会让人在听你的微演讲时有一种享受的感觉，你的微演讲就会受到更多人的喜爱。

一个能在说话时用段子逗人笑的人，会更受周围人的喜欢，自信心也会更强。此外，他做微演讲时所取得的表达效果会更好，他说出的话也更具有权威性。

某主播经常在自己的微演讲当中加入段子，所以他的微演讲总是有很强的吸引力。很多人变成了他的忠实粉丝，每天都会等着他的微演讲内容更新。看他的微演讲已经成为不少人的习惯，从他的微演讲当中，人们不但能够学到一些知识，还可以收获很多欢乐。

他会讲一些关于大师的段子。一个人找到大师，说有些事情让自己感到很烦恼，但就是放不下。大师就告诉他，没有什么事情是放不下的。但这人认为他就是放不下，怎么都放不下。大师于是拿过一个杯子，让这人握在手中。然后，大师拿来一壶热水，开始往杯子里倒水。

很快，这人就被烫到了，立即松开了杯子。杯子掉到了地上，摔碎了。大师说："没有什么是不能放下的。当你感受到痛，自然也就能够放下了。"这人恍然大悟，感谢大师的指点。

他也会讲一些有哲理的段子。一位讲师向大家讲述一个人的价值。他拿出一张崭新的100元纸币，问大家有谁想要。所有人都表示想要。

然后讲师把这张纸币用力揉搓，让它变得皱巴巴的，再次询问有谁想要。这次也是所有人都想要。之后，讲师把这张纸币放到地上，用脚踩，让它沾满泥土。等他再次询问时，还是所有人都想要。于是，讲师对大家说："做人就要像这张100元的纸币一样，不管它经历了什么，不管它的外表是怎样的，它的价值依然是100元。"

该主播的段子总是能在逗人发笑的同时又引人深思，所以他的微演讲总是受到人们的喜爱。

段子总是能让人发笑，对于调动人们的情绪有非常好的效果，能让微演讲现场的气氛变得活跃起来。在做微演讲时，用段子来调节气氛，或用段子来委婉地表达一些想法，都是非常不错的方式。

人人都爱听段子，在微演讲当中加入段子，让你的微演讲笑点十足，会使你的微演讲更受人们的喜爱。很多做微演讲的人都会在自己的微演讲中融入一些段子，来吸引人们的注意，让人们发出会心的微笑。

在很多名人的讲话中，在那些幽默的领导的口中，在相声、小品的语言中，我们都能听到段子，而且这些段子都起到了非常好的效果。在微演讲中也要加入段子，这样你的微演讲会更有感染力。平时多积累一些段子，在做微演讲时用上，你的微演讲就会变得魅力非凡。

段子可以拉近人与人的距离

当我们和一个陌生人接触时，由于彼此不了解，即便双方都特别有礼貌，也还是会有很强的距离感。要想快速和陌生人拉近距离，让彼此变得熟悉起来，并不是很容易。不少人喜欢用请客吃饭的方式来和陌生人亲近，但这种方法的局限性太强，在很多场景中并不适用。合理使用语言，通过段子来拉近人与人的距离，在大多数情况下是更为适用的方式。

陌生人之间的好感是慢慢建立起来的，想要一下子对陌生人产生好感很难。但这不代表我们对此无能为力。我们可以利用技巧来加速这个过程，同时可使这个过程变得更加"润滑"，让距离的拉近显得更加合理，增加彼此之间的好感。

对于长篇大论，大多数人都会产生厌烦的情绪。如果你为了和陌生人拉近距离，去滔滔不绝地和对方交谈，你很难保证对方不会对你产生反感。尤其是在演讲的时候，你的长篇大论很有可能会让听众陷入昏昏欲睡的境地，显得你抓不住重点，表达能力不强。

一个善于表达的人，往往会在演讲的过程中，用精简的语言来瞬间打动听众。他们会用段子来拉近和听众的距离，让听众在开心一笑的同时，迅速产生认同感。

某主播喜欢在自己的短视频微演讲开头加上一个小段子。很多人开始看他的短视频时对他没有什么特殊的感觉，但听过他的段子之后，很快就喜欢上了他。

他喜欢让自己当段子中的主人公，以讲述自己"亲身经历"的模式来讲段子，比如以下这个故事。

"不瞒大家说，我其实是一个超级富二代。我爸爸是一个隐藏多年的大富豪，他以前不让我知道家里很有钱，是为了激励我，让我好好学习，不断上进。是谁说我在做梦？完了，我的梦醒了。但是不要紧，只要大家关注我的短视频账号，点赞收藏，你就可以成为一个大富豪，成为'富一代'。"

人们听到主播的段子，会会心一笑，对主播产生亲切感，很快就变成了主播的粉丝。

主播面对的是成千上万的网络观众，和演讲时的场景其实非常相似。在做演讲的时候，演讲者所面对的，是台下的千百位陌生听众。主播可以用段子来拉近与观众的距离，演讲者也可以通过段子来拉近和听众的距离。

在演讲时，台下的听众可能来自五湖四海。他们每个人的职业、学识、兴趣爱好千差万别，同时打动他们很困难。但是，段子往往是不分行业的，它是日常生活中的内容，能让大部分人接受，能让大部分人开怀。演讲者先用一两个有趣的段子做铺垫，不仅能够迅速拉近和听众之间的距离，还能让演讲的气氛变得活泼起来，对于演讲有很大的好处。

人人都爱听段子，在演讲中合理使用段子，能够快速拉近和听众之间的距离。平时与人交流时，在沉闷的主题当中穿插一两个幽默的段子，能够让交谈变得轻松起来。事实上，只要留心观察，你就会发现，那些会讲段子的人，总是被大家喜爱，人们也愿意和他们交流。

无论是在日常生活中讲段子，还是在微演讲当中讲段子，都能够很快拉近你与别人的距离，让人们快速对你产生亲切感。

　　不要做一个在语言上冷冰冰的演讲者，至少不要让听众觉得你和他们之间有很大的距离。在演讲时，在合适的时间讲一两个段子，在欢声笑语之中，听众对你的印象会变得越来越好，你们之间的距离感也会减弱。

　　平时注意收集一些有趣的段子，在与人聊天时预演，在演讲中合理使用。这样一来，你就会成为一个讲段子的高手，你的演讲也将变得风趣幽默、别具一格。听众和你之间没有了距离感，他们会更愿意去聆听和思考你的演讲内容，演讲的效果也将变得更好。

讲段子体现出一种轻松的生活态度

有时生活难免会有些枯燥，工作也会给人带来一些压力。有的人摆脱不了枯燥的生活，顶不住工作的压力，整天愁眉苦脸。这样的人不但自己不开心，而且会给周围的人带来负面的影响。有的人则特别会讲段子，会用段子传递欢乐，让周围的人变得快乐起来。

通过讲段子传递正能量是很重要的。生活中有充满正能量的事，也有充满负能量的事，关键是我们看到了哪一方面，我们传递的是哪一方面的内容。积极的人像太阳，能够用自己的积极态度感染周围的人。多说一些充满正能量的段子，多传递一些欢乐，你的人际关系就会变得更加和谐。

现实生活中也许存在一些不尽如人意的地方，在段子里用调侃、自嘲等方式把它们讲出来，这种苦中作乐的做法不但能解压，还能传递快乐。生活不会因为我们而改变，但是我们可以用积极的态度去面对它。讲段子表现的是一种轻松的生活态度。用幽默的段子传递正能量，用正能量去鼓舞别人，让别人远离负能量，这就是段子的重要价值。

小周是朋友眼中的段子手，他经常在大家聚会的时候讲一些幽默的段子，把聚会的气氛搞得很活跃。小周这种轻松的生活态度感染了很多朋友，他们听多了他的段子，也变得很快乐。

在公司里，小周也经常讲一些段子。一次中午吃饭的时候，同事叫的外卖送得比较晚——外卖员可能是遇到了什么事情，迟到了将近20分钟。同事饿着肚子等了那么久，心情很不好。

小周就对同事说："外卖员其实非常不容易。我有个朋友就是送外卖的，那真是风里来雨里去，看着都让人心疼。当然这还不算什么，有时候他会接到一些提出奇怪要求的订单。有一次，一个客人在备注上写'一定要帅帅的小哥送，不然没食欲！'。于是，朋友只好把订单交给一位叫帅帅的同事去送了。还有一次，一个客人在备注上写'麻烦快递小哥帮忙带两节五号电池，家里空调的遥控器没电了，快要热死了'。有的客人对外卖员的要求更高，在备注上写'来的时候要鬼鬼祟祟，不要按门铃，不能被我爸发现我吃宵夜，他会打我'。你说外卖员有多难！"

同事被小周的段子逗乐了，笑骂道："什么你的朋友！全体外卖小哥都是你的朋友吧！"话虽这么说，但同事的心情好多了，对外卖员迟到的事情也没那么生气了。

我们在生活当中会遇到各种各样的事，无论是谁都难免会因为一些烦心事而生气。用轻松的态度对待生活，用段子来调整自己或他人的情绪，让自己和身边的人都保持快乐，这是件非常好的事。

微演讲的听众很多，比平时生活中所面对的人要多得多。如果能够在做微演讲时多讲一些有趣的段子，你的快乐就会传递给更多的人。同时，你也许还会因为轻松的生活态度而成为他们学习的榜样，那你的价值就更大了。

多关注生活中的事情，对生活充满热爱，你就会看到很多有趣的事。把这些事情变成段子，在微演讲中讲出来，效果会非常好。由于这些段子是从生活中取材的，所以它们的代入感和感染力会很强，而你善于观察生活和关注生活的这种积极的态度，也会传递给听众。

幽默的段子不但能传递快乐，有时候还能帮助他人摆脱困境。有的人在遭遇困难和挫折时，会感觉整个天都塌下来了。在段子中，一些原本严肃的事情变成了可以调侃的对象，传达出一种"其实没什么大不了的"态度。所以不少人在听到调侃和自嘲类的段子以后，心态会变得更加积极，能够面对生活中的苦难和挫折。

积极的人像太阳，照到哪里哪里亮。在微演讲当中多讲一些幽默的段子，传递快乐和轻松的生活态度，就能带给别人积极的心态，同时自己的心态也会变得更加积极。

段子让微演讲更有魅力

　　段子对人的吸引力非常强，能够让你的微演讲变得更有魅力。很少有人会拒绝快乐，也很少有人会拒绝幽默的段子。如果你往微演讲中加入一些幽默的段子，你的微演讲将会吸引更多的听众，你的粉丝数量也会变得越来越多。

　　微演讲是人们喜闻乐见的一种形式，它短小精悍，能够在很短的时间里向人们传递很多有效的信息。在生活和工作节奏都非常快的当今社会，微演讲能够将人们碎片化的时间充分利用起来，给人们提供很多有价值的内容，所以它才变得那样流行，深受人们的喜爱。

　　在人与人交流的时候，气氛是非常重要的一个因素。气氛好的时候，沟通往往会很顺畅；气氛不好的时候，沟通一般会比较困难。微演讲需要和听众沟通，所以应该让它在一个良好的气氛中进行。幽默的段子能够给人带来欢乐，对调节气氛往往能起到显著的效果。段子可以让沟通的气氛变得更好，还可以让演讲者表现出智慧和幽默的别样风度，对演讲者来说有重要的价值和意义。

　　在微演讲当中加入幽默的段子，不但能够给听众带来快乐，还可以通过段子把一些道理讲述出来，让听众更容易接受。就像在生活中出现意见分歧时，用幽默的段子讲述比单纯说教更容易让人接受你的意见一样，在微演讲中使用段子也能够让听众更容易接受你的观点。

一位主播在微演讲中讲述人与人相处的技巧时，给大家讲了这样一个段子。

一对夫妻吵架了，谁都不和对方说话。冷战了一段时间后，妻子先消了气，想要跟丈夫说话，可是丈夫还是不理她。妻子试过各种方法，丈夫都不理她。于是，她开始翻箱倒柜地到处找东西。

看见妻子把家里翻了个底朝天，到处乱七八糟的，丈夫忍不住问："你到底在找什么啊？咱们家里藏宝贝了？"

妻子笑着迎上来，说："我在找你的声音呀！这下找到了！"

丈夫被妻子逗乐了，两个人的冷战终于结束。

段子讲完以后，主播总结道："在与人相处时，要善于利用幽默，这样可以让关系更加融洽。"

听众在非常轻松的氛围中明白了主播所讲的内容，觉得主播的微演讲非常有趣。

要想让你的微演讲充满魅力，只有风趣幽默的语言其实还不够，你应该适时运用些段子。段子不但可以让你的微演讲变得轻松有趣，而且能够让听众明白一定的道理。与单纯地讲道理相比，这样的方式更容易让人接受。

多在自己的微演讲当中加入一些段子，你的微演讲就会变得魅力非凡。人们会对你的微演讲情有独钟，你的微演讲也许会成为他们闲暇时的开心之源，让他们忍不住想要多听一会儿。你可能再也不用为没有听众和粉丝担心了，他们会主动来找你，听不到你的微演讲时会总想着你。

段子体现优秀的个人品质

　　有时候，段子能够体现个人的优秀品质。当你的段子幽默而又不低俗，幽默中显出高雅的素养时，你的个人品质就会得到听众的认可。

　　一个人喜欢什么样的段子，和他的个人品质也有关系。如果你经常讲比较有内涵的段子，通过段子来表达正向的观点，你就会成为听众心中既幽默又有内涵的主播，更受人喜爱，收获更多的听众和粉丝。

　　某主播经常在做微演讲的时候讲一些很有内涵的段子。他的段子总是先带给人们欢乐，然后引发人们的思考，就如下面这个段子。

　　有一位父亲将自己的手表弄丢了，他觉得可能丢在了屋子里，于是就在屋子里翻箱倒柜地寻找，但找了很久也没有找到。这位父亲认为或许自己想错了，手表并没有丢在屋子里，于是出去了。儿子见父亲出去后，一个人在屋里继续找，很快就找到了手表。父亲感到很惊奇，不知道儿子是怎么找到手表的。儿子告诉他，方法非常简单，只要安静下来，就可以在屋里听到手表轻微的嘀嗒声了。

　　主播说，其实在生活里，我们经常因为太浮躁而错过一些事情。当我们静下心来，就可以发现一个全新的世界，看到一些我们平时看不到的东西，想到一些我们平时想不到的观点。

　　主播经常在微演讲中讲这类有内涵的段子，听众在获得快乐的同时，也收获了一些知识，有了一些感悟。大部分听众觉得该主播是一个品质优秀的主播，和那些没有内涵的主播很不一样。听众喜欢这种与众不同的感觉，也喜欢听主播讲的段子，所以该主播的微演讲特别受欢迎，他的粉丝数量也不断增长，很快就火了起来。

好的段子可以在逗人笑的同时传递一些有内涵的内容，体现出主播的优秀品质，让更多的人爱上主播。在微演讲当中多加入一些这样的段子，不但能使你的微演讲更有趣，而且会让你显得更优秀。

在讲段子的时候，你可以适当拿自己来做例子，调侃一下自己，这样不但可以产生幽默的感觉，还可以彰显你的大气。调侃自己的人通常都比较大气，他们不怕丢面子，也不怕别人拿自己开涮。在微演讲中把自己的故事当段子来讲，听众不但不会嘲笑你，还会认为你大气。

很多人对别人的糗事可以做到谈笑风生，但是如果自己出丑了，则很难保持淡定，更不敢自嘲。正因为大多数人没有自嘲的勇气，所以敢把自己当成段子主角来自嘲的人，自有一种别样的魅力。

胡适的才学受人推崇，他的大气也令人钦佩。胡适在大学演讲时，引用孔子的话，就在黑板上写"孔说"；引用孟子的话，就在黑板上写"孟说"；引用孙中山的话，就在黑板上写"孙说"；等到表达自己的观点时，就在黑板上写"胡说"。

胡适的这个自嘲的小段子，引得听讲的人不断发笑。他把自己当成段子的主角，这种幽默彰显出了他的胸怀和气度，也让他一下子赢得了听众的好感。

俗话说："人无完人。"每个人都有自身的缺点，非常优秀的人也不例外。有的人会用他人的缺点来对其进行攻击和诋毁。如果这时候，那个被攻击的人反唇相讥，可能不但不会让那些攻击的人知难而退，反倒让他们找到了存在感，攻击得更起劲了。懂得自嘲的人，常会用自嘲来处理这样的事情，既让那些攻击的人感到无趣，又能体现出自己的大气，赢得更多人的好感。如果自嘲用得恰到好处，还有可能让这些攻击的人转而喜欢上自己。

　　在做微演讲时，你所面对的或许是成千上万的听众，你不可能同时让所有的人都感到满意。这时，与其等着别人来挑你的毛病，不如把自己当成段子里的主角自嘲一下。这样不但能避免别人嘲笑你，还显得你这个人非常大气。听众可能也会因此认可你的个人品质，并因为你的个人魅力而更加喜欢你。

第 4 章

做好微演讲
就得会说话

做微演讲时主要是靠讲话来吸引听众，这就要求演讲者是个很会说话的人。会说话就能让听众更愿意听，能吸引更多的听众，并将听众转化为忠实的"粉丝"。

同样的内容，会说话**更容易**被接受

在与人沟通时，状态和氛围是很重要的。同样的内容，话说得好听，沟通的氛围好，对方就容易接受。做微演讲时也是如此。如果你的话说得比较好，听众就更容易接受你和你的演讲。所以，会说话对于微演讲来说非常重要，有时候甚至直接决定了微演讲的成败。

演讲者会说话，说的话别人就愿意听，容易接受，也会对演讲者产生亲切感；如果不会说话，别人就不愿意听，也不乐意接受。

一位老板去拜访一位知名作家，希望这位名人能给他的公司的产品题几个字。在老板说明来意之后，这位作家表示，他从来没给别人的产品题过字，所以不行。

老板笑着说："您没有给别人的产品题过字，借这次机会，正好可以拥有给产品题字的经历啊。"

作家想了想，说："既然如此，我的字可不便宜。这样吧，一个字两万元好了。"

老板的公司刚刚起步，没有太多资金，作家开的这个价格让他很难接受。但他没有放弃，想了想，说："您的墨宝要钱，这很正常。不过，我认为两万元一个字少了，您的字在别处买不到，是无价之宝啊！不过，如果能让您的字和我公司的产品一起流行，被更多的人收藏，不

更能体现出它的价值吗？"

作家听了老板的话，笑了起来："那就要看你的产品能不能流行起来了。"老板把自己准备好的产品递给作家，说："您看看，可还能入您的眼？"

作家仔细观察了产品，觉得这款产品看起来很不错。老板又给作家展示了产品的详细参数信息，还讲解了有关产品的一些问题。作家发现他这款产品确实不错，由衷地夸奖道："做得很好啊，看来你的公司的确是很有前途的！我给你免费题字吧，也沾一沾你的光，让我的字因为你的产品被更多的人看到。"

老板连忙说："您过誉了，我沾您的光才对啊！"

在日常生活当中，会说话的人更容易把事情办成。会说话就是把话说到了别人的心里，让别人感到很舒服，愿意接受你的意见或建议，甚至愿意满足你的要求。在上述例子当中，那位老板很会说话，说出来的话作家很愿意听，最终同意给他的产品题字。

会说话，很多事情就会好办得多；不会说话，事情的成功率有可能会大大降低。在做微演讲的时候，如果我们说出来的话听众听了很舒服，他们就容易接受我们的观点，自然愿意多听我们的微演讲。

为了让别人更愿意听我们说话，我们应该注意以下几点。

1.不要长篇大论，说个没完，一定要挑重点内容陈述

微演讲因短小精悍而被人们喜欢。如果我们在做微演讲时长篇大论，就会使其失去短小精悍的优势，消磨掉听众的耐心，他们可能不愿意听下去，甚至觉得我们是在刻意给内容"注水"。

一定要记住这一点，在做微演讲时避免长篇大论。

2.要学会赞美

每个人都希望听到赞美，但是一定要赞美到点子上，说到别人爱听的那个点子上。有的人不喜欢听别人的赞美，只是因为那些赞美没有说到点子上。当赞美对方引以为傲之处时，对方就会产生遇到知己的感觉，绝对不会反感。

3.态度和语气应该诚恳

有的人说话，总是收不到好的效果，不是因为他说话的内容有问题，而是因为他说话的态度和语气有问题。一个人说话时，如果表现得很高傲，一副趾高气扬的样子，那么一定会引起别人的反感；态度和语气诚恳，则能受到别人的喜爱。

很多人之所以喜欢一些做微演讲的主播，是因为他们特别会说话，说出来的话让人很愿意听。只有当我们学会了说话，我们的微演讲才会被更多的人接受，微演讲的效果才会变得更好。

客气有礼让你快速被认可

彬彬有礼的人总是会受到大家的欢迎，有绅士风度的人也总是会被大家认可和喜爱。在做微演讲时，客气有礼会让你被听众认可，你的微演讲也会被更多的人喜爱。

如果你在做微演讲时对听众没有礼貌，他们就有可能转身离去，不愿意在你这里花费时间。你讲的内容再好，他们也会因为对你的印象不好而不认可你的微演讲。所以演讲者应该客气有礼，给听众留下好印象，这样才可以更快地俘获他们的心。

某主播的一期微演讲内容遭到了听众的质疑。有些听众认为主播讲的内容不对，要让主播纠正自己的错误，并向大家道歉。主播看了听众的留言，然后审视了一下自己上一期的微演讲，觉得很委屈。其实他的微演讲内容本身并没有问题，是某些听众由于专业知识不够，误解了他所讲的话。这让主播非常伤心，因为他的努力不但没有被大家认可，还遭到了大家的质疑。

不过该主播知道，越是在这种时候，越要表现出自己的素养，对听众客气有礼，才能化解误会，继而赢得听众的认可。如果对听众态度强硬，往往会把双方的关系搞得很僵，也显得自己没有风度，对自己有百害而无一利。

　　于是，这位主播把听众的评论仔细看了一遍，对大家提出的问题做到心中有数。然后他针对大家的问题，专门做了一期微演讲，将所有的问题都解释清楚了。在这次微演讲当中，他一点都没有责怪听众的意思。

　　该主播表示，能够提出问题，说明听众是在很认真地看他的微演讲，这让他感到很高兴。不过，由于自己在上一期微演讲中讲得不是特别清楚，导致一部分听众误解了他的意思。他在这里向大家解释清楚这些问题，希望大家不要产生误解。

　　看了主播的这个微演讲之后，不少听众都明白了是他们错怪了主播。主播在微演讲当中没有丝毫生气的样子，反而对听众恭敬有加，就像是对待自己的衣食父母一样，处处照顾听众的感受。听众对主播的态度非常满意，同时又心疼受了委屈的主播。

　　这件事让主播得到了更多人的认可，获得了更多的忠实粉丝，他的微演讲也更受欢迎了。

　　主播对听众本来就应该有良好的态度，在受到委屈的时候，更是体现主播个人素养的时候。例子中的主播没有因为自己受了委屈就和听众"互怼"，依旧对听众客气有礼。听众知道他受了委屈，对他更加心疼和喜爱，这样的结果比"互怼"要好得多。

　　能够在讲话时做到客气有礼，就可以把微演讲做得更好。主播在做微演讲时客气有礼，对听众表现出充分的尊重，听众也会将心比心，对主播更喜爱，也更尊重。主播如果能够和听众互相理解、互相尊重，就会形成良性的互动关系，对微演讲的广泛传播也大有裨益。

　　沟通是为了双方互相理解，而趾高气扬的态度，很容易让人产生抵触情绪，影响彼此之间的理解。有时候别人就算理解你了，也可能因为你的态度不好而不愿意配合你。只有做到客气有礼，别人才会心平气和地听你讲话，认真理解你的意思，并做出配合的举动。

主播在做微演讲时如果不能做到客气有礼，即使表达能力再好，表达得再到位，别人也可能听不进去。而如果主播对听众特别客气有礼，那么即便他的表达能力不是很强，别人也会愿意听他说，去理解他所表达的意思。

对于微演讲主播来说，听众就是上帝，一定要照顾好听众的感受，顾及听众的面子和自尊心。我们要做一个在表达时非常客气有礼的人，这样才会让听众喜欢听我们所讲的内容，我们的微演讲才会得到更多听众的认可。

嘴巴甜一点，粉丝就多一点

不是所有人都喜欢被别人拍马屁，但是几乎人人都喜欢听别人说好听的话。人们在网络上看视频时，也愿意听到一些好听的话，因为这样能放松自己，有时候在放松的过程中还能收获一点知识。

在做微演讲的时候，如果你的嘴巴甜一点，你的粉丝就会多一点。你不需要去刻意讨好你的粉丝，但是你应该努力让自己的话变得好听。多说一些赞美的话，听众会对你更喜欢。如果听众觉得你的微演讲使他们从心里感到高兴，他们当然会更愿意看你的视频。

不过，虽然大多数人都希望听到别人的赞美，但如果这种赞美言不由衷，他们会觉得你是在敷衍，不会被你的赞美打动。因此，我们应该适时说出赞美的话，让听众觉得这赞美是真心的，这样他们才会真正感到开心。这样的赞美，能让你的微演讲被更多的人喜爱。

某主播在做微演讲时特别会赞美自己的听众，很多听众都觉得听他的微演讲是一种享受。有的人甚至专门在心情不好的时候来听他的微演讲，通过这种方式让自己变得开心起来。正因如此，该主播特别受听众喜爱，每次发布微演讲之后，播放量都非常高，他的粉丝数量也不断增长，增长速度还很快。

有一次，主播在微演讲中表示，现在有不少人被一些空有噱头的内容所迷惑，被骗去做一些事情，有时候会损失一些钱，有时候虽然没有损失钱，但宝贵的时间被浪费掉了。比如，有的人经不住别人的推销，办了一张健身卡。本来想得非常好，只要每周去健身房一次就能"回本"。然而因为工作太忙，或者有时候懒得去，实际上一个月也不一定能去健身房一次。这样算下来，办卡还不如不办卡实惠。这就等于是被别人忽悠了，损失了一定的金钱。

这时候，有些听众不爱听了，因为他们也办过健身卡，主播这么说，就是在说他们傻。主播很清楚这一点，所以他马上又表示："当然了，如果办了健身卡以后，能够经常去健身房，不但划算，还可以养成锻炼身体的好习惯。我知道，我的听众都是一些非常优秀的人，自制力非常强，完全可以办健身卡。办了卡以后，也会经常去健身房，督促自己锻炼身体。"

该主播不但把自己的话说得非常圆满，让人挑不出毛病，还赞美了自己的听众，让听众非常受用。正是因为该主播的嘴巴很甜，总是能够在恰当的时候赞美听众，所以他一直都很受听众的喜爱。

例子中的主播嘴巴很甜，很会说话，所以能够俘获听众的心，让听众对他的微演讲十分喜爱。在做微演讲时，一定要适时赞美听众。如果总是赞美听众，听众会觉得你是在刻意讨好他们，可能会对你产生反感。但是如果你抓住一个能够引起听众共鸣的点去赞美他们，他们就会欣然接受你的赞美，并觉得你很会说话。

所以嘴巴甜，要甜到点子上，赞美听众比较在意的地方，在听众觉得"的确如此"的事情上夸奖他们，你就可以赢得他们的"芳心"。

适时说出赞美的话，既赞美了听众，又不容易让听众觉得你是在刻意夸赞他们。这样的赞美，才是最有效的赞美。在做微演讲时，这样去赞美听众，能够让他们的心融化，并爱上你的微演讲。

批评的话最好委婉地说

我们在做微演讲时，有时候难免要以一个老师的身份，向听众传递一些有价值的信息。有的信息传递会被一些听众认为是一种说教，有时候甚至会被当作一种批评。

大部分人可以接受别人的意见，但如果这种意见以批评的方式说出来，则很少有人愿意听。微演讲面向的是成千上万的听众，如果你的微演讲是在批评听众，那么它很难受到欢迎。演讲者要注意，不要让听众产生你在批评他们的感觉。把话说得委婉一些，听众会更容易接受，微演讲也更容易起到传播知识的作用。

现在有不少人将口无遮拦当成心直口快，其实两者还是有区别的。口无遮拦的人在说话时很少会注意自己的措辞。这样的人说出的话别人往往不愿意听，在批评别人时更容易引起别人的反感。真正心直口快的人在说话时虽然有什么说什么，但并不会口无遮拦，而是会对自己要表达的内容进行润色。

在做微演讲的时候，尽量不要去批评听众。即便在某些方面确实需要给听众提出建议，让听众改掉某些毛病，也不要以自己说话直为由，说出伤人的话。你可以把话说得委婉一些。不要使用带有嘲讽意味的词语，更不要指责听众，否则很容易让听众生出反感的情绪，不但沟通效果会因此而打折扣，听众还会离你而去。

某主播在做微演讲时经常给听众提一些非常中肯的建议，听众对他的建议都比较认可，也很喜欢他。有时候该主播会对日常生活中的一些现象进行质疑或者批评，也会让听众产生自己正在被主播批评的感觉。不过该主播在语言的表达上总是非常委婉，所以听众并不会产生反感。相反，大多数人都认为主播是真心为他们着想，对主播更加信赖了。

一次，该主播讲到很多人被某些商家的优惠促销活动吸引，争着抢着去买东西，最后并没有优惠多少。有一些商家优惠力度非常小，却吸引了一大批消费者前来购买，营销非常成功。但是对于消费者来说，花了很多时间，用了很大精力，却只得到一点点优惠，非常不值得。

还有一些商家在搞活动时，会推出各种优惠券，让人眼花缭乱。对于不少消费者来说，他们花费了很多时间去找优惠券，最后可能因为没有搭配好优惠券，买到的东西并不是最优惠的。

该主播劝自己的听众，不要盲目跟风去参加各种活动，要做一个理性的消费者。不过，这样说，听众会有一种被批评的感觉，所以主播马上又解释说，自己的听众大多数是非常理性的，不然也不会听自己的微演讲这么久。每个人对优惠的抵抗力都不强，所以就算是抵抗不住各种优惠活动的诱惑，也只能说是正常的。

主播这样一说，听众就容易接受了，也更认同主播的话。

在做微演讲的时候，能不批评听众，就别批评。即便所做的微演讲的内容比较特殊，有对听众提出一些要求的必要，也不要让它看起来像是批评，而是像一个小小的建议。就像例子中的主播那样，让听众觉得他只不过是提了一个建议，而且即使自己做不到也不能说明自己很差，这样听众更容易接受。

　　将批评的话委婉地说出来，让批评听起来并不像批评，这样的说话水平就算是比较高的了。在做微演讲的时候，能够做到这一点，说明已经具备了吸引更多听众和赢得"粉丝"的条件，微演讲会做得越来越好。

把握分寸，别把话说得太死

在我们讲话的时候，把握分寸很重要。很少有什么事情是绝对正确或者绝对错误的，把话说得太死，往往会显得比较偏激，让人感到不舒服。在做微演讲时，我们应该让自己的话更加"圆润"一些，这样才显得比较客观和专业，同时也更容易被听众接受。

与人交流时，要想取得更好的效果，也要注意把握语言的分寸。在日常的生活和工作中，能把握好分寸，你的话别人往往就爱听，你们的交流也会比较顺畅。把握不好语言的分寸，本来交流的内容并没有问题，但对方就有可能偏偏不愿意接受。

什么事情都不要说得太绝对。尤其是在做微演讲时，如果说错了话，会影响自己在听众心中的地位，所以不把话说绝，这样即便错了也还有挽回的余地。说话留一线，这是沟通的智慧，也是表达的智慧。

我们每个人看到的世界和理解的世界，并不是完全客观的世界，而是我们主观意识当中的世界。对一件事的观点，对一个人的看法，会掺杂我们的主观想法。有时候，我们的想法会出现偏差，而我们无法察觉，会先入为主地认为自己的想法是正确的。但是，你认为正确的内容并不一定是客观事实。

在做微演讲时，当我们的想法与现实出现了偏差，我们就会说错话。如果我们不懂得说话留一线，把话说死说绝，我们就没有了挽回的余地，听众也会对我们失望。

那么，在我们确认自己的想法、自己说的话正确时，是否就可以把话说绝了呢？也不可以。就算如此，我们也还是要"留一手"。谁都有犯错的时候，我们应该给别人面子和机会，不要在言语上"赶尽杀绝"。这是在表达中可以体现出的个人德行。说话毫不留情，会显得自己尖酸刻薄，即便是无心的，通常也很难受到听众的喜爱。而且，一个人如果平时表现得比较刻薄，那么在做错事、说错话的时候，别人也往往会还以刻薄。

> 某主播在做微演讲时总是把话说得很满。有一次，在讨论一个企业的问题时，说到该企业刚推出的一款产品，主播认为这款产品并不是很好，有不少值得"吐槽"的地方，所以预测这款产品的销量一定不会好。主播还表示，如果这款产品卖得好，他就把话筒吃掉。
>
> 一段时间之后，从市场销售的情况来看，虽然这款产品确实有些瑕疵，但销量并没有受到太大的影响。主播只能对当初说过的话避而不谈，有的听众却不放过他，提起了这件事。主播当然不可能把话筒吃掉，这就显得非常尴尬。有一部分听众觉得主播无法兑现诺言，总是信口开河，于是不再关注该主播了。

在上述例子中，如果主播当初没有把话说那么绝，就不会出现尴尬的局面，也不会出现部分听众离开的情况。主播当时完全可以说，他不太看好那款产品，但只是个人观点，不一定代表客观事实。那么即便后来那款产品卖得很好，也只能说自己判断失误，并不算是什么原则错误。会表达的人一般都会做到说话留一线，不会轻易说出太绝对的话。

在说话时不要受到情绪的影响，说一些过激的话。要注意自己的用词，使用一些技巧让你的话留有余地。比如，在分析问题的时候，最好不要说一定会怎么怎么样，尽量说可能会怎么怎么样，或者说有很大的概率会怎么怎么样。打包票的话尽量不说，因为凡事都有变数，难免会出现一些意料之外的状况。假如在外界因素的影响下，事情并没有按照你所说的那样发展，而你又把话说得特别死，那就非常尴尬了。

在否定一些观点时，不要直接说出否定的话，因为一来别人可能接受不了；二来万一自己理解有误，也没有回旋的余地。可以提出自己的观点和看法，并表示这只是个人观点，至于自己说的这些对不对，让大家自己去思考。这样无论你说得正确与否，都不会引起别人的反感，也不会留下说错话之后无法弥补的隐患。

在做微演讲时说话要注意分寸，拿捏好度，不要把话说得太绝。话说得太绝，容易变成偏激的语言，也容易失去回转的余地。让你的话温和而富有弹性，处处留下余地，这样能让你的微演讲变得更受欢迎。

适当**自嘲**，你会更有魅力

　　人们一般都愿意说自己的长处和优势，展现自己最优秀的一面。这样会使自己很有面子，也显得自己强大，能够吸引别人的目光，受到别人的喜爱。对于自己的短处或者缺陷，很多人都尽量不提或一带而过。但是，大气的人往往并不会刻意回避自己的短处和缺陷，而是用自嘲的方式来拿自己开涮。

　　在做微演讲时，适当自嘲不但不会减少你的魅力，反而会让别人觉得你是一个很大气的人，也是一个开得起玩笑的人。大家在和你沟通时会更愉快，不会有太多的顾虑。能够做到把你不开心的事情说出来让大家开心一下，你的微演讲会魅力十足，也会显得与众不同。

　　实际上自嘲是自信的体现。当你对自己很有信心的时候，你并不需要刻意去保持特别高大的形象。对自己的瑕疵自嘲一下，反而显得你更接地气，和大家都一样，是一个有血有肉的人。这样你与听众的距离就会拉得更近。不敢自嘲，恰恰说明不够自信，太在意自己的形象，也是因为那形象之下的内核并没有那么好。拥有真正强大的内在，无须刻意去保持外在的形象。

　　能够自嘲的人，是幽默的，也是大气的。他们有足够的胸襟和气度接受自己的缺陷，也不怕遭遇尴尬，所以能够拿自己开涮。

　　世界上不存在完美无缺的人，谁都有优点和缺点。一个优秀的微演讲者，既敢凸显自己的优点，也不刻意回避自己的缺点。有时候你越回避自己的缺点，听众反而越揪住它不放。你自己大方地进行自嘲，把自己的缺点说出来，听众反而会更喜欢你，也不会太在意你的缺点了。

> 某主播在做微演讲的时候，偶尔会说错话。不过一般情况下，错得并不是特别离谱，他也不会对自己的错误刻意隐瞒。
>
> 有一次，他给大家分析一只股票的走势。他认为这只股票要涨，但是不是特别肯定，所以买不买还是要看大家自己的选择。不过，该主播又说自己预测股票往往不准，说不定按照他的预测反着买结果会不错。
>
> 结果这只股票并没有涨，而是下跌了。主播的预测出现了问题，他便在下次的微演讲中自嘲说："看来我真的是一个反向预测的高手，以后你们只要看我预测哪只股票会涨，反着买就行了。"
>
> 听众很喜欢主播的幽默和坦诚的态度，并不去计较主播错误的预测，反而更爱听他的微演讲了。

自嘲能够彰显大气，同时也能够通过"自己攻击自己"的方式，来避免遭受别人的攻击。你在自嘲的时候，当然不会对自己进行"致命攻击"，却能因此避免被别人"致命攻击"，这么想，自嘲其实是在保护自己。

例子中的主播能够在做微演讲时进行自嘲，不但让大家觉得他非常坦诚，而且让大家对他产生了亲近感，更乐于接受他。这样一来，主播并不会因为一些错误的言论招致批评，反而更受听众的喜爱了。

其实，古今中外，有不少优秀的人都敢于自嘲。尤其是在做演讲时，应对突如其来、带着恶意的提问，用自嘲化解是非常好的方法。比如，美国前总统布什在一次演讲中被人扔鞋子，他幽默地自嘲说："如果你们想知道详情，我只能告诉大家，这鞋子是10码的。"在大家大笑的同时，布什的尴尬也化解于无形。

无论是因为外界的原因，还是因为自己说错了话遭遇尴尬，自嘲都可以帮助我们解脱并让我们显得更加大气。在做微演讲时，自嘲则能够让我们更接地气。一个没有缺点的形象，是包装出来的形象，在人们的眼中会显得虚假。自嘲可以打破这种虚假的感觉，让人们看到一个更真实的、有血有肉的人。所以敢于自嘲的人，往往比高高在上的人更受欢迎。

做微演讲时要给人一种平易近人的感觉，这样的演讲更容易被听众接受，演讲者也会因此受到听众的喜爱。所以学会自嘲，勇于自嘲，对你的微演讲会有很大的帮助。

第 5 章

好文案
造就动人的微演讲

要想写出好文章，需要反复修改；要想做出动人的微演讲，需要有充分的准备。准备一份优秀的文案，你的微演讲就更容易打动人心，拨动人们的心弦，让听众产生共鸣。

用真材实料的文案提升演讲的价值

在做微演讲的时候，不妨多加入一些真实的材料，这样对听众的说服力更强。说服了听众，让他们了解某件事情，接受一些观念，你的微演讲就显得更有意义。

不少人能够在做演讲时打动听众，正是因为他们所讲的故事很真实。真实的内容往往更容易引起别人的共鸣，直指人们内心深处。有些经历很丰富的演讲者，甚至连演讲稿都不需要准备，只要讲一讲自己所知道的那些真实的事情，就足够打动听众了。

莫言在获得诺贝尔文学奖之后，在瑞典学院发表了演讲。莫言不是一个演讲家，但是他的演讲非常感人。他的演讲其实就是在讲故事，他演讲的题目也正是《讲故事的人》。

我记忆中最痛苦的一件事，就是跟随着母亲去集体的地里捡麦穗。看守麦田的人来了，捡麦穗的人纷纷逃跑。我母亲是小脚，跑不快，被捉住了。那个身材高大的看守人扇了她一个耳光，她摇晃着身体跌倒在地。看守人没收了我们捡到的麦穗，吹着口哨扬长而去。我母亲嘴角流血，坐在地上，脸上那种绝望的神情让我终生难忘。多年之后，当那个看守麦田的人成为一个白发苍苍的老人，在集市上与我相逢，我冲上去想找他报仇，母亲拉住了我，平静地对我说："儿子，那个打我的人与这个老人，并不是一个人。"

我记得最深刻的一件事，是一个中秋节的中午，我们家难得地包了一顿饺子，每人只有一碗。正当我们吃饺子时，一个乞讨的老人来到了我们家门口。我端起半碗红薯干打发他，他却愤愤不平地说："我是一个老人，你们吃饺子，却让我吃红薯干，你们的心是怎么长的？"我气急败坏地说："我们一年也吃不了几次饺子，一人一小碗，连半饱都吃不了！给你红薯干就不错了，你要就要，不要就滚！"母亲训斥了我，然后端起她那半碗饺子，倒进老人碗里。

我最后悔的一件事，就是跟着母亲去卖白菜，有意无意地多算了一位买白菜的老人一毛钱。算完钱我就去了学校。当我放学回家时，看到很少流泪的母亲泪流满面。母亲并没有骂我，只是轻轻地说："儿子，你让娘丢了脸。"

以上是莫言演讲中的一部分，他所讲的内容都是真实的，所以特别能够打动人心。故事中有道理、有态度、有善意。莫言的故事，是有温度的故事，也是能够打动人心的故事。听了莫言的演讲，相信很多人都会感动。莫言不一定有多么高的演讲技巧，但是他会讲故事，他的演讲就讲得很好。

在写微演讲的文案时，你不妨从"真实"这个侧重点入手，让自己的微演讲真实起来，也就更具有打动人心的力量。

罗永浩虽然做手机遭遇了一些挫折和失败，但是他做演讲很成功。他的演讲能力特别强，尤其擅长用自己真实的想法、经历等来做演讲。比如，他有一次的演讲内容是这样的。

接下来就带来了我们今天第一个问题，那就是我在网上提前几天问的："过去的6个月里我们究竟做错了什么？"

我们开了很多管理层的会，分析了很多，小问题我们肯定有很多，比较大一点的就是这两个：一个是供应链和生产方面出了问题，另外一个是在网络和媒体舆论方面出了问题。

先说供应链和生产方面的问题。我们起初开局很不错，产品发布2个月不到，官网预定10万个，最初逃单只有2%，早期发货之后好评率在90%，直到今天也是这样。

我们从第三方调研机构获得信息，进行网上的舆情监控，我们也给初期4万名用户发过调查问卷，好评率始终在90%以上，开局非常好。

手机圈里的人说过这样一句话，如果老罗可以搞定供应链的问题，锤子手机基本上就成了。但我们那时候真不知道等着我们的是6个月的噩梦。

我们的CTO反复警告我说，能做出来和能量产是两个概念，你要做的话，什么都可以给你做出来，如果量产的话要评估它的风险。

我们做得很多东西非常冒险。小小的USB看起来不起眼，但你很难找到一堆供应商，两家供应商如果掉链子，这样一个不起眼的东西就会使得你的整个机器没法出货。

这是我要跟我的公司同事们检讨的：起初硬件部门的负责人反复警告过我很多这些方面的问题，但我一直认为，他们警告我只是因为他们不想做难的东西。

微演讲应该和大家分享一些观点，带给大家一些体验。真实的故事对于打动人心有非常好的效果，所以在做微演讲的文案时要学会利用真材实料。当你的微演讲显得真实时，它自然就会具备打动人心的力量。

文案的结构要引起重视

对于一篇文章来说，好的结构能够给它加分。对于微演讲来说，好的结构会让它产生引人入胜的效果，让听众更愿意听下去。所以在做微演讲的文案时，对文案的结构要充分重视。做好了文案结构，你的微演讲会更加吸引人。

一般情况下，有悬念的演讲总是能够吸引听众的注意力，让人情不自禁地随着你的演讲心潮起伏。一些用倒叙等方法来展开叙述的故事，更是吊足了人的胃口，让人产生浓厚的兴趣。

你在思考微演讲的内容时，可以是天马行空的，可以把你能够想到的内容全都塞进文案里。但是在这之后，你就要对文案的结构进行整理了。你不可以将内容和盘托出，最好根据表达效果和要表达的主要内容进行筛选，调整好整个文案的结构。

文案的结构就像是一个骨架，将你的内容连成一个整体。这样你讲的内容别人才能够理解，听的时候也不会那么费力。如果你的文案结构不好，听众可能会听了一大堆，也没搞明白你要说什么。所以在进行微演讲之前，要把文案的结构梳理清楚，自己明白还不行，还要确保别人能够明白。

如果你想要利用结局的震撼，给听众带来强大的吸引力，那么你可以考虑采用倒叙的结构——先把微演讲的结论，或者最令人震撼的那一部分讲出来，然后逐步剖开整个内容——这样就可以避免听众因为冗长的铺垫而失去兴趣。

如果你想让微演讲的条理更加清晰，让听众更好地去分条理解你所讲的内容，你可以使用总分式结构：在一开始先总结出一些点，然后分别去讲述。比如，你希望通过对同一件事情不同选择的讲述，来说明选择的重要性时，你可以先总的说一下选择不同产生的一些不同后果，让大家看到它们的区别，然后分别叙述。

如果你的微演讲内容有足够的吸引力，也可以采用正叙的方式。不过，这对你的微演讲功力提出了更高的要求。你最好在做微演讲时使用风趣幽默的语言，让大家忘记你讲了多长时间。

小萌很会做微演讲。她在做微演讲时，总是把自己的微演讲结构做得非常好。有时即便她的微演讲内容并不出彩，听众也会因为演讲的结构做得好而愿意听下去。

一次，小萌给听众讲了一对夫妻感情出现问题差点离婚的故事。她选择了倒叙的方式，激发了听众的好奇心。

演讲一开始，小萌就告诉大家，一对夫妻的婚姻出现了一些问题，他们去找人诉说，希望能够解决这些问题。然后，这对夫妻在别人的询问下，讲出了他们相爱和结婚的故事。他们是通过一个偶然的机会认识的，几乎是一见钟情。男方喜欢女方的温柔和大方，女方喜欢男方的帅气和阳刚。他们爱得轰轰烈烈，几个月之后便结婚了。

但是婚后的生活并不尽如人意。结婚之后，他们身上的一些小毛病慢慢就显现出来了。男方虽然帅气、阳刚，但是做事情不细心，经常大大咧咧的，这一点让女方有些反感。而男方也发现，女方在结婚之后变得有些小气，也不像刚认识时那样温柔了，会因为一些小事和自己闹别扭。

两人觉得这样的关系并不适合要孩子。后来，两人的矛盾日益加剧，经常冷战，婚姻关系似乎维持不下去了。要不是因为割舍不下最初的那份爱情，他们早就应该离婚了。

最终，经过别人的调解，夫妻二人知道自己原来的想法过于天真。爱情里的激情会在生活中归于平淡，平淡的爱情才是长久的爱情，也是最好的爱情。而且，彼此之间应该多交流，不要冷战。沟通做到位了，关系才不会僵。

于是，两人加强了沟通和理解，婚姻得以维持。后来两人过得很幸福，还有了自己的孩子。

在听小萌的微演讲时，很多听众入了迷，仿佛事情就发生在自己身上。小萌很注意文案结构的选择，她的微演讲总是特别吸引人。

在选择微演讲的文案结构时，要考虑效果，让它既能说明问题，又能对听众产生足够的吸引力。能够让听众感同身受，产生强烈的情感共鸣，或者引发听众的积极思考，这样的微演讲就是成功的。

多用**打动人心**的句式和词语

要想把微演讲做好，打动人心的句式和词语是不可或缺的。用好了打动人心的句式和词语，会让别人对你的微演讲充满兴趣，即便是一个很简单的微演讲，也能让别人听得津津有味。

做微演讲时用什么样的句式和词语，关键要看微演讲的对象。听微演讲的人喜欢什么样的句式和词语，我们就用什么样的句式和词语，这样效果差不了。比如，对孩子们做微演讲，可以用孩子们喜欢的童话式句式和词语；对年轻人做微演讲，可以用活泼一些的句式和词语，也可以用一些比较流行的网络用语；对中年人做微演讲，可以用简单朴实的句式和词语。

除了年龄段，还要看听众的性格类型。如果听微演讲的人性格比较开朗，喜欢新鲜事物，做微演讲时就要用比较活泼的语言。如果听微演讲的人虽然是年轻人，内心却非常成熟，注重效率，做微演讲时就要以简单干练的语言为主。

秦老师是位幼儿园老师，特别会做微演讲。同样的内容从她嘴里讲出来，孩子们更爱听。如果换了别人来讲，孩子们的兴趣可能就没有那么大了。原来，秦老师的秘诀就藏在她的语言里。她所用的句式和词语的风格非常符合幼儿园孩子的特点，所以孩子们听她的微演讲时总是觉得非常有趣。

秦老师经常给孩子们讲花花的故事。这是秦老师自己编的一个微演讲系列故事，主人公是花花，一个和幼儿园的孩子们一样大的孩子。

每次做微演讲，秦老师都会讲一个花花的故事，孩子们特别爱听。其中有这样一个故事。

花花非常喜欢吃妈妈做的蛋糕，花花的妹妹也喜欢吃。每次妈妈做蛋糕，都是一边做，一边让花花和妹妹在一旁吃。正因如此，花花经常和妹妹因为蛋糕多少的问题闹矛盾。于是，妈妈就给花花讲孔融让梨的故事，并告诉花花，妹妹年纪小，应该照顾妹妹，把蛋糕让给妹妹吃。

花花觉得这样很不公平：为什么妹妹年纪小就应该受到照顾呢？

经过一番思考，花花决定以后做什么事情都要公平，既不和妹妹争，也不刻意让着妹妹。她要求妈妈每次都把蛋糕从中间一分为二，她和妹妹一人一半，这样就很公平了。

妈妈夸奖了花花，并肯定了她爱动脑筋、勤思考的行为。

秦老师给孩子们做微演讲时，从孩子们的思维角度出发，用孩子们喜欢的句式和词语去叙述，所以她的微演讲总是受到孩子们的欢迎和喜爱。

用听众喜欢的句式和词语，即便微演讲的内容一般，也可以吸引住听众的注意力，让他们聚精会神地听完，并且觉得轻松有趣。

在作家都梁的小说《血色浪漫》中，主人公钟跃民就是一个非常会讲话的人。他善于根据听的人的喜好来选择句式和词语。比如，他给朋友讲《基督山伯爵》里的故事时，就讲得非常生动。

钟跃民的几个朋友，都是调皮捣蛋的小青年。钟跃民一开始给他们讲《基督山伯爵》，是用一般的语言来叙述的，基本就是书里怎么写，他怎么讲。他告诉朋友，19世纪的法国贵族喜欢把手套扔在对方的脸上，而且是在众目睽睽之下。这种举动表示双重意思，第一表示挑战，第二表示侮辱。基督山伯爵不等阿尔培扔手套，就把阿尔培手里的手套拿过来，彬彬有礼地说："现在我就当您已经把手套扔了过来，然后我将它裹了一粒子弹送还给您，并且请您出去。不然的话，我将召唤我的仆人把您赶到门外去。"几个朋友听了以后觉得非常没意思，认为他这是在照本宣科。

钟跃民听了朋友的话，决定用朋友喜欢听的句式和词语，把故事重新讲一遍。他把《基督山伯爵》里的这段故事，讲得像是平常人打架，互相约好要找个地方比划一下。这虽然不符合原著的语言，但道理还是一样的，朋友听了觉得非常有趣，笑得都直不起腰来了。

小说中的钟跃民，能够用朋友喜欢听的句式和词语，把原来的故事讲出不同的风格来，这正是他会讲话的体现。而朋友听了他讲的故事，也觉得比原著更加有趣。说书的人、说相声的人，会在评书和相声里加入一些现代人的语言或者听众喜欢的句式和词语，让一些时代久远的内容变得更受现在的人欢迎，这同样也是运用了语言的技巧。

用打动人心的句式和词语，能够让微演讲更加生动，更受人喜爱。学会在不同的听众面前使用不同的微演讲语言，你的微演讲就会更受欢迎。

重点突出才能让人印象深刻

如果一段微演讲重点突出，那么往往可以令听众产生非常深刻的印象，过了很久仍记忆犹新。如果一段微演讲重点不突出，那么听众可能抓不住重点，印象也不会很深刻，转头就忘了。

做到重点突出，是需要一定功力的，微演讲能力差的人，往往很难突出重点。不过，如果能够在微演讲的文案当中将重点内容摘录出来，在做微演讲的时候重点讲述，就容易给听众留下深刻印象。

为了能够抓住重点，你首先应该明确自己演讲的目的：是想要通过微演讲阐述自己的某个观点，还是想要通过微演讲去引发听众的思考，又或者是把一些内容展示给听众？

明确了自己的目的之后，你可以把要讲的重点内容提炼出来。如果重点内容比较多，你可以分成几点分别讲述。不过，由于微演讲的时间通常比较短，所以不会有特别多的重点。如果有很多重点需要讲，一次微演讲可能讲不完，需要分几次来讲。

为了让重点突出，你要着重去讲述重点内容，对于次要内容，可以一带而过。善于总结，抓住主要的点，才能在讲的时候突出重点。比如，闹市的主要特点就是热闹，其他的内容可以忽略；鲜花最主要的特点是美和香，其他的可以先不说；在寒风中，最主要的感受就是冷。抓住最主要的内容，重点就突出了。

其实人们对感官方面的内容更容易感同身受，所以要想突出重点，可以利用感官的感觉来讲。这样，听微演讲的人会产生身临其境的感觉，印象也会更加深刻。

将人的感官调动起来，可以利用的点有很多，如嗅觉、味觉、听觉、视觉、触觉。

为了表示一个地方的环境很差，你可以从嗅觉入手，说这个地方的味道很难闻，有刺鼻的味道。

为了表示一个地方很乱，你可以从听觉入手，说这个地方的声音非常嘈杂，喧闹声此起彼伏。

为了表示一个地方很美，你可以从视觉入手，说这个地方有怎样的花草树木，还有蓝天白云。

为了表示一件物品质量很好，你可以从触觉入手，说它摸起来手感光滑，就像是在摸缎子。

在做微演讲时，懂得用感官的感觉会让人留下更深刻的印象，更吸引人。如果你想增强这种吸引力，还可以加大对听众的感官刺激，让这些感官的感觉变得更强烈。

比如你看到一个柠檬，尝了一口，很酸。为了加大刺激听众感官的力度，你可以说这个柠檬太酸了，简直要把牙齿酸掉了。

比如你听到一声喊叫，很惊讶。为了加大刺激听众感官的力度，你可以说听到了一声震耳欲聋的喊叫，就像是平地一声雷一样。

刺激感官，加上夸张一点的叙述，会给听众留下更深的印象。有些人喜欢听这种比较刺激的内容，这样的内容可以给他们带来精神和感官上的愉悦感。遇到这样的听众，你就可以在故事中加大对感官刺激的力度。

对各个感官的刺激，是可以相互结合，产生更立体的感知效果的。比如，当你讲一朵花时，可以在视觉上讲这朵花是什么颜色的，有多么漂亮，在嗅觉上说它拥有怎样的香气，然后用触觉来描述它的花瓣有多么柔软。

不过，有些时候，为了突出事物在某一方面的特点，可以抓住它对感官刺激最强烈的那一点来说，这样带给人的感觉反而比刺激各个感官更好。比如，前面所讲的柠檬，不说别的感官，就突出味觉——特别酸。有这一个特点，不需要说它的形状、颜色就已经足够让人产生非常深刻的印象了。

总之，要通过感官的刺激来让自己的微演讲重点突出，让听众的印象深刻。在使用这种方法时，要根据实际情况，选择不同的表述方式：有时候需要讲多种感官的感觉，有时候只要强调一种感官的感觉。

多引用实例来增强说服力

在做微演讲的时候，如果别人不能很快理解你讲的意思，那是十分糟糕的。如果多引用一些实例，就能让你的演讲更容易被听众理解。

人们难免会对自己听到的东西产生怀疑，只要不是实际发生过的事情，听众就可能怀疑微演讲的内容是否真实。当你用实际发生过的案例来进行说明时，说服力就会变得更强，听众更容易接受你的观点。

马云是一个非常擅长演讲的人，他的演讲很受人们欢迎。马云经常在演讲中引用自己的经历，这些实例让他的演讲说服力大增。马云在深圳进行过一次即兴演讲。在这次演讲中，他通过自己的实际经历，告诉大家创业很不容易。

> 我记得在飞机场买过一本杂志，我说这个人怎么这么厉害，翻开杂志来一看这个人是我。但这又根本不是我，杂志的描写太夸张。所以，不要去盲目地追求东西。第一次创业的时候，你想做什么？到底要做什么？不要受外界影响，你自己就要确定你今天就是要做这个事情，你要有决心。
>
> 我记得我在做阿里巴巴的时候，有一个机会，一个很大的公司给我的年薪是150万美元，不包括奖金和股票。这是个很大的诱惑，但是我没有答应。我家人说我是疯子，这么多钱，你不要。我就说这个机会我

不要，我就是想创办一个中国人的网站。所以有时候你要做什么的愿望很强烈的时候，你会抵挡住很多诱惑。

现在很多企业不问你能做什么，因为这个世界上能做什么的人，比你多多了。成功的人说不清自己是怎么成功的。这两年我不跟别人探讨阿里巴巴的模式。今天我讲的未来五年是很模糊的，说心里话我真的不了解阿里巴巴的模式是什么。说实在的，真的有好的模式，你不会告诉别人，是不是？你们家床底下有一个金罐，你不可能去告诉所有人。

所以好的模式是摸索出来的。一个月前我在亚布力参加企业会谈，有几个人在讲如何才能成为成功的企业家。后来我分析了他们几个人，他们基本上都失败了几次。

一般来说，成功的人往往说不清自己是怎么成功的。中间很多的原因你不知道，还有很多运气的成分和时机等。阿里巴巴这几年犯了无数的"错误"，但是我觉得那不是错误。在创业过程中，很多的灾难你预料不到。中国绝大部分企业今天还没有到这一步，绝大部分企业的目标就是活下来。等你活下来了，你到一定的规模、一定的时候你再去考虑战略。

马云用自己的实际经历来增强说服力，让人们明白创业很难的道理。如果他只是说创业很艰难，别人可能会有所怀疑，但他用了实际的例子来说明，所以大多数人都会接受他的观点。

用实例来对自己的观点进行论证，微演讲的说服力会大大增强，而且有了实例也更便于听众理解你的意思。毕竟每个人的理解能力不同，你提出一个观点，可能有些人并不能理解你的意思。多用一些实例，除了能增强说服力，还能让你的微演讲更容易被人理解，可以说是一举两得。

正因为用实例的好处这么多，所以很多人都喜欢在自己的演讲中引用实例。例子增强了说服力，也增强了演讲的趣味性，能让大家更喜欢听你的演讲。

　　在写文案时就多用实例来说明观点，实际演讲时可以表现得更好。你的语言会显得更生动有趣，听众也会爱上你的微演讲。

第6章

精简
是微演讲的灵魂

微演讲之所以得此名，就是因为它"微"。它小而精，精简是它的灵魂。它精简，不占用太多时间，在当今这个时代受到了人们的广泛喜爱。

微演讲应该是"小而美"的

"小而美"在商业上是指目标准确，细化目标市场，将产品做到极致。这个"小而美"的概念不仅适用于商业，而且适用于微演讲。对于微演讲来说，"小而美"中的"小"是指短小精悍，"美"是指语句优美，让人感兴趣。

微演讲最忌讳的就是长篇大论，讲得没完没了，让听众昏昏欲睡。这种演讲，演讲者讲得很吃力，听众听得也很吃力，不可能有好效果。

几乎在任何领域，简洁的东西都比复杂的东西更受人欢迎。微演讲也是这个道理，越简短的微演讲，越让人喜欢。

在自媒体时代，人人都可以在网上发表言论，网络上充斥着各种各样的微演讲，但脱颖而出的，往往是那些简短有力的微演讲。

其实不仅是在当前这个移动互联网时代，在以往任何时代，简短的演讲都比冗长的演讲更受欢迎。

> 1936年10月，上海各界公祭鲁迅先生。
>
> 邹韬奋先生在大会上进行了一次非常简短的演讲，他的演讲只有一句话，却震撼人心。
>
> 他说："今天天色不早，我愿用一句话来纪念先生——许多人是不战而屈，鲁迅先生是战而不屈。"

　　这种简短的演讲，把有效的实质内容归纳起来，打包给听众。结果，就像是在听众那里扔了一颗"语言的核弹"，产生了强烈的反响。

　　当然，微演讲并不是只要短就行了，还应该有内容支撑，这样才会是有力的，大家才会产生共鸣。

　　人们愿意听的微演讲内容，要么是有用的，要么是有趣的。要想让你的微演讲为大家喜闻乐见，就要往这两方面去努力。

　　任何人都无法做到完美，在做微演讲时出错，是难以避免的。即便是那些著名的演讲家，也会出错，但是这并不影响他们成为优秀的演讲家。原因就在于，人们更关注他们演讲的内容，而选择性地忽略演讲中的瑕疵。

　　让你的微演讲"小而美"，它就有打动人心的力量，就是魅力无穷的。

开门见山，别绕弯子

微演讲很短小，时间本来就不长，所以最好不要绕弯子。开门见山是非常好的方式。开门见山，听众一下子就知道你要说什么，如果是他们感兴趣的内容，他们会一下子就被你吸引。如果你一开始不说重点内容，而是绕弯子，听众不知道你到底想说什么，可能就会失去耐心，转身离开。

孙先生是一个非常善于做微演讲的人，他做微演讲的时候喜欢开门见山、单刀直入，在最短的时间里将问题表述清楚。正是因为他的微演讲总是有非常明快的节奏，所以不少人都喜欢听他的微演讲。

有一次，一所学校请孙先生去给高三的学生们做一次演讲。在演讲的时候，孙先生先是简单介绍了一下自己，然后开门见山地问："大家最近有没有考试啊？考得怎么样啊？有没有考砸呀？"

底下听讲的学生们先是一愣，然后便对孙先生的话产生了浓厚的兴趣。他们发愣，是因为从来没有人在演讲的时候，一上来就问他们考试的情况。别人演讲，总是先在学习、生活等方面说一通，让他们听得昏昏欲睡。

其实高三的学生最在意的还是自己的学习成绩，很快就要高考了，几乎每个人都在担心自己的学习。孙先生非常清楚这一点，所以他不谈别的，一上来先问学生们考试的情况。看到成功地引起了大家的兴趣，孙先生接着就考试这个问题和大家展开了探讨。

孙先生告诉学生们，考试的成绩很重要，但并不是最重要的，最重要的是通过考试发现自己哪里学得不够好，然后赶紧去弥补。所以就算是考得很差，也不应该陷入伤心的情绪当中，而是应该正确看待，积极做出改变。现在的考试成绩并不重要，通过考试发现自己的不足，然后迅速弥补，快速成长，这才是最重要的。只要能够不断进步，高考的时候就可以考出理想的成绩。

孙先生从学生们最关心的事情入手，引起了他们的兴趣，接下来的演讲变得非常顺利，学生们也特别爱听。

例子中的孙先生，用了一种与众不同的开场方式——开门见山，一下子引起了学生们的兴趣，最终将演讲做得非常好。开门见山的演讲方式，能够在最短的时间里做最有效的表达，迅速抓住听众的心。只要你开门见山所讲的内容是听众感兴趣的，他们一般不会对你的直截了当产生反感，只会被你讲话的内容吸引，并产生浓厚的兴趣。

在做微演讲时开门见山，要根据听众的身份，判断听众的喜好，讲出听众关心的问题。如果听众经常听到某一类话，那么最好不要再说这类话，否则只会让听众觉得枯燥乏味，还有可能引起他们的反感。

用开门见山的话引起听众的注意之后，接下来的话题一定要戳在听众感兴趣的点上。听众对哪方面感兴趣，我们就把话题往哪方面引。听众感兴趣，就会与你积极互动，就不会出现冷场的情况。调动起听众的情绪，交流就变得非常容易了。

先用开门见山的话引起听众的注意，再戳在听众感兴趣的点上，做到了这两点，微演讲的效果一般都会比较好。听众会觉得你是一个有趣的人，也是一个值得他去认真听讲的人，他们甚至会把你当成知音。接下来的演讲就非常简单了，彼此的良好沟通将会顺理成章。

有的人不注意开门见山，经常在一些无关紧要的问题上讲个没完，把听众的耐心消耗殆尽才转到听众真正关心的问题上。这种做法要不得。良好的开端是成功的一半，这句话对任何事情都适用。开门见山地提出观点，引起听众的兴趣，这会使接下来的微演讲更顺利。

没人喜欢冗长，要学会高度概括

在微演讲时，简单地表达出自己的想法，效果会更好。当我们长篇大论、喋喋不休时，听众可能会很不耐烦。即便听众有耐心听我们把话说完，也会因为我们说得太多而抓不住重点，导致演讲的效果大减。

微演讲是需要技巧的。有的人能够抓住重点，将复杂的事情归纳总结，然后长话短说；有的人则思维混乱，很简单的事情说了半天都说不清楚，让别人听得晕头转向。

如果平时多留心就能发现，那些几句话就能表达清楚自己意思的人，一般都有比较丰富的知识和阅历，能够精准概括自己的观点。因此，我们要在平时锻炼自己的思维，增加自己的知识和阅历，提高自己的概括能力，努力把复杂的问题用简单的语言表述出来。

当我们能够进行高度概括的表达时，在别人的眼中，我们会显得更加睿智，因为我们总是能把握住问题的关键，一针见血地说到点子上。

在高度概括表达方面，周恩来总理可以说是大行家。

周总理在参加日内瓦会议时，准备在见面会上放映我国的电影《梁山伯与祝英台》。但是，如何向外国人介绍这部电影，就成了一个问题。要让外国人理解我们的文化，还要让他们看懂我们的越剧，这简直太难了。

当时的新闻联络官熊向晖为了解决这个问题，下了很大功夫，写了整整15页，用英文详细介绍了电影的背景、意义、演员等。但周总理看到后并不满意。这么长的介绍，如此烦琐，谁会有心情认真读呢？即便认真读了，外国人能理解吗？

最终，周总理想出了一个办法，在请柬上写了这样一句话——"请欣赏中国的罗密欧与朱丽叶——《梁山伯与祝英台》"，这样一来，根本无须对内容进行介绍，外国人也能明白这部电影的内容是什么。

周总理用一句简单的话，概括了非常丰富的内容，把中国的电影介绍给了外国人，让外国人一看就能懂。与长篇大论的内容介绍相比，周总理的这句话显然要好得多。

简单地表达，不但是一种能力，而且是一种智慧。

林肯的演讲能力非常强。有一次，在演讲时，有人给林肯递过来一张纸条。林肯接过纸条看了一眼，只见上面只写着"笨蛋"两字，没有其他内容。如果换了别人，可能会生气，可能会说很多话来解释自己并不是笨蛋，或者批评这种行为。但是林肯并没有这么做，他只是轻描淡写地说道："我收到过很多匿名信，这些匿名信都是只写内容，从来都不署名。今天这位先生真的很特别，他只写上了自己的名字，却忘了写内容。"听众听到这里，哈哈大笑，这件事就这么过去了。

林肯用简单的话语，表达出了自己不是笨蛋的意思，并用轻松的态度和绅士风度，反衬出写纸条的那个人的粗俗无礼。正因为林肯能精准表达自己的意思，才能起到这样的效果。如果林肯为此事说了很多，反而会让人觉得他小题大做，也会显得他没有风度。可见，精准表达在关键时候非常有用。

高度概括的语句不仅在演讲方面，在其他方面也深受人们喜爱。比如看小说时，人们也是喜欢那些精练和概括的语言。古龙非常喜欢在自己的小说中使用短句子，所以他的小说读起来非常有气势。语言和文字是相通的，简短的话语也更让人着迷。

在微演讲中，精准表达，能够突出重点，让听众一下子理解自己的意思。同时，这也体现了演讲者的智慧。此外，当我们用简单的话语来表达时，会产生震撼人心的力量，因为很多时候冗长的句子让人感到无力，简短的话语则掷地有声。

拒绝华而不实的语言

微演讲其实是在展现语言的魅力，在比较短的时间里，运用表达的技巧，将想要表达的内容完美地呈现给听众。但是，华而不实的语言要尽量避免。微演讲有深刻的内涵，让人回味无穷，才能给人留下深刻的印象。

微演讲如果不能体现出语言的魅力，那真可以说是白做了，但如果没有令人回味无穷的深刻内涵，即便体现出了语言的魅力，也只是片刻的煽情，不会被人铭记。

语言具有无穷的魅力，能表达思想，能启迪灵魂，能振奋人心。一个优秀的会表达的人，总是能让语言产生无穷的魔力，用语言创造无限的可能。古今中外，这样的例子不少。

丘吉尔那场只有一句"坚持到底，永不放弃"的演讲，让无数人热血沸腾，抗争到底；毛主席在天安门城楼上的一句"中华人民共和国中央人民政府今天成立了！"让四万万中国人热泪盈眶；马丁·路德·金的那句"不，不，我们不会满意，直至公正似水奔流，正义如泉喷涌"让无数正遭受不公平待遇的人心头一热。

这些语句并没有多么华丽的辞藻，只有最为朴实的语言，却具有震撼人心的力量，原因只在于它们真实。真实的话语不需要多么华丽，就可以在人们心底引起强烈的共鸣。

真实的语言饱含着深刻的情感，在抑扬顿挫的语调映衬下，在或紧或慢的语速烘托下，或像一首慷慨激昂的进行曲，催人奋进，或像一曲宏大的交响乐，感人肺腑。那些深刻而真挚的情感，让每一个吐出的字眼，都像是千钧巨石，掷地有声。

> 苏轼说："古之所谓豪杰之士者，必有过人之节。人情有所不能忍者，匹夫见辱，拔剑而起，挺身而斗，此不足为勇也。天下有大勇者，卒然临之而不惊，无故加之而不怒。此其所挟持者甚大，而其志甚远也。"
>
> 温瑞安说："我悲伤而又骄傲，悲伤的是这个世界上没有人理解我，骄傲的是我不需要别人的理解。"

真实的文字和真实的语言一样，具有打动人心的力量。赋予语言深刻的内涵之后，一句短短的话，就能让人血脉贲张。做微演讲时，如果你的语言是真实的，它就是动人的。如果再有深刻的内涵，那么，你的表达就会让人回味无穷，甚至被人终生铭记。

微演讲令人回味无穷，不仅体现在其语言的真实和深刻上，还体现在它的幽默上。有时候采用真实的语言能产生一种冷笑话的效果，又或者是对生活的一笑而过。我们不要去回避，而是要敢于直面真实，这是一种勇气，也是一种智慧。

因此，你在做微演讲时，除了用真实的语言让你的表达有深度，让你的语言有震撼人心的力量之外，还可以从别人不常说或不敢说的真话入手，展现出自己的情商和智商，比如下面这个例子。

> 电影《当幸福来敲门》中，主人公克里斯去一家公司面试。他去得太匆忙，来不及换干净的衣服，穿着沾满白色石灰粉的衣服，蓬头垢面地出现在了面试官面前。但他的表现还不错，于是面试官问他："克里

斯，如果有个家伙连衬衫都没穿就跑来参加面试，你会怎么想？如果我最后还雇了这个人，你会怎么想？"克里斯想了一会儿，内心紧张，语气却带着调侃，老实回答说："那他穿的裤子一定非常考究。"面试官笑了，其他人也笑了，大家被他在这样尴尬的情况下还能如此机智所打动，于是他被录用了。

在上述例子当中，克里斯的语言非常朴实，却又有幽默的效果，让人忍不住发笑。

微演讲要想让人回味无穷，关键在于用真实的语言表达真挚的情感，适当运用幽默。如果能够把握住这两点，你并不需要多么华丽的辞藻，也可以达到非常好的效果，让人印象深刻。

深刻而真挚的情感、理解和包容的态度，加上机智幽默的语言，就是微演讲最好的包装，胜过那些华丽的辞藻。用最真实、最朴实的语言去表达，如果再有自嘲的勇气和新奇的思维，你的微演讲就会魅力无穷，被人记在心里，当成学习的典范。

借用一些权威结论

要想成为一个微演讲的高手，只是能说会道还不够，你应该记住一些比较权威的结论。当你需要让听众对你讲的内容深信不疑时，就可以把这些权威的结论拿出来。有时候你讲再多的道理都不如这些权威的结论管用，因为它们具有非常强的说服力。

在区块链技术被炒得火热的时候，有些人却对区块链技术不以为意，认为它只是一个噱头，没有实际的用处。这时，如果你要做一场微演讲，向听众介绍区块链的强大之处，讲解区块链在实际生活中的应用，最好准备一些权威的数据、权威的结论，这样会更有说服力。

5G技术正向我们走来。在5G技术还没有普及的时候，如果你想要做这方面的微演讲，让人们知道这项技术的好处，也应该借助权威的结论，让人们看到5G技术下数据传输速度有多快，这样才可以有更强的说服力。

除了权威的结论，一些比较有说服力的实例也能起到很强的说服作用，其效果和权威的结论差不多。所以，假如不好找某方面的权威结论，可以用有说服力的实例来代替。

比如，你要给大家做一场励志方面的微演讲。这方面的权威结论比较难找，因为它缺乏具体的数据，很难去量化。这时，你可以找一个有说服力的实例，来增强你的演讲的权威性，让你的演讲变得更加可信。

有一个人，他的家人被赶出了原本居住的地方，他不得不拼命工作来养活自己的家人。两年之后，他的母亲去世了；三年之后，他经商失败；又一年之后，他去竞选州议员，然而不幸落选。就在这一年，他的工作也丢了，他打算到法学院去读书，然而没能如愿。一年之后，他从朋友那里借了点钱，准备继续经商，然而只坚持到年底就破产了，以至于在接下来的16年时间里，他不得不一直还债。

后来，他似乎走了好运，因为他竞选州议员成功了。然而霉运并没有结束。一年之后，他准备结婚时，他的未婚妻却突然去世，他的心受到了巨大的伤害。下一年，他的精神已崩溃，在床上度过了6个月的时间。两年之后，他觉得自己的病好些了，想要去当州议员的发言人，但失败了。又过了两年，他准备去当选举人，还是失败了。三年之后，他去参加国会大选，同样失败了。又过了三年，他又去参加国会大选，这一次他当选了。但好景不长，在他想连任国会议员时，再次遭遇失败。

然后，他打算在自己所在的州担任土地局局长，但没能成功。几年之后，他去竞选联邦参议员，没能成功。两年以后，他想在共和党的全国代表大会上得到副总统的提名，然而他获得的选票还不足100张。两年之后，他又去竞选参议员，又失败了。又过了两年，他当选美国总统。

这个人就是著名的美国总统林肯。

如果你讲了一个不知名的励志故事，说服力可能并不大，听众会想你是不是在编故事，会怀疑你所讲的内容的真实性。但是你如果用林肯的成功故事来做例子，说服力就会很强，显得很有权威。

林肯的励志故事可以激发人们心中不服输的精神，给人无限的斗志，让人坚持下去。正如林肯所说："我这个人很慢，但从不后退。"听过这个故事之后，相信大部分的听众都会有被激励的感觉。

在做微演讲的时候，听众不一定完全相信你的话，你需要给他们提供足够的理由，让他们相信你。这时候，权威的结论就能起到关键的作用。名人的故事，也可以用来为你的言论提供有力证明，增强你的微演讲的可信度。

第7章

幽默
让微演讲魅力非凡

幽默能够拉近人与人的距离，它是沟通当中非常有效的润滑剂，同时能够给人带来轻松愉快的心情。在微演讲中巧用幽默，能够让你的微演讲魅力非凡。

WEI YAN JIANG

用幽默激发微演讲的气氛

在做微演讲时，轻松的气氛很重要。微演讲时间很短，听众不会将太多注意力放在你身上。如果你不能给大家带来欢乐，他们可能就不会喜欢听你的微演讲。

如果现场的气氛很沉闷，听众就会有不好的感受。所以，除非你要讲的是十分沉重的内容，否则你就该用幽默的语言来活跃演讲的气氛。毕竟，在一个轻松的气氛中听演讲，每个人都不会觉得难受。

华中科技大学原校长李培根，做过一场非常精彩的毕业典礼演讲。这场演讲在网上流传很广，很多人都被他的风趣幽默所折服。

请相信我，日后你们或许会改变今天的某些记忆。瑜园的梧桐，年年飞絮成"雨"，今天或许让你觉得如淫雨霏霏，使你心情烦躁、郁闷。日后，你会觉得没有梧桐之"雨"，瑜园将缺少滋润；没有梧桐的遮盖，华中大似乎缺少了前辈的庇荫，更少了历史的沉积。你们一定还记得，学校的排名下降使你们生气。未来或许你会觉得"不为排名所累"更体现华中大的自信与定力。

我知道，你们还有一些特别的记忆。你们一定记住了"俯卧撑""躲猫猫""喝开水"，从热闹和愚蠢中，你们记忆了正义；你们一定记住了"打酱油"和"妈妈喊你回家吃饭"，从麻木和好笑中，你们记忆了责任和良知；你们一定记住了"姐的狂放""哥的犀利"，未来有一天，或许当年的记忆会让你们问自己，曾经是"姐的娱乐"，还是"哥的寂寞"？

我记得，你们都是小青年。我记得"吉丫头"，那么平凡，却格外美丽；我记得你们中间的胡政在国际权威期刊上发表多篇高水平论文，创造了本科生参与研究的奇迹；我记得"校歌男"，记得"选修课王子"。同样是可爱的孩子，我记得沉迷于网络游戏甚至濒临退学的学生与我聊天时目光中透出的茫然与无助，他们还是华中大的孩子，他们更成为我心中抹不去的记忆。

我记得你们的自行车和热水瓶常常被偷，记得你们为抢占座位而付出的艰辛；记得你们在寒冷的冬天手脚冰凉，记得你们在炎热的夏季彻夜难眠；记得食堂常常让你们生气；我当然更记得自己说过的话"我们绝不赚学生一分钱"，也记得你们对此言并不满意。但愿华中大尤其要有关于校园丑陋的记忆。只要我们共同记忆那些丑陋，总有一天，我们能将丑陋转化成美丽。

以上内容截取自李培根的演讲，从这些内容中可以看出，他总是用有趣的话来活跃演讲的气氛。实际上，他每一句话，都是一个有趣的小故事，一个高度概括的小故事。这些幽默的小故事一个接一个，台下的学生们听得大笑不止，他的演讲气氛也因此变得特别好。听了他的演讲，即将毕业的学子们笑中有泪，听得入了神、忘了自我。

李培根在演讲中，几乎是每讲一段比较沉重的话题，接着就来一段有趣的故事。因此，他的演讲，全程都穿插着有趣的故事，学生们是笑着听完，然后深有感触。有的演讲者，可能做不到让听众全程都笑，也可能做不到像李培根那样，一个短句子、一个词语就是一个小故事。但是，只要在演讲时注意插入有趣的故事，就足以让气氛活跃起来。

　　在做微演讲时，应该向李培根学习，用幽默来调节气氛，让自己的演讲充满精简的幽默小故事，用一句话或者一个词来概括这些小故事。不过，这需要听众掌握相应的背景知识，能心领神会，否则可能没什么效果。

　　要让你的演讲变得很幽默，当然是需要下功夫的。如果你对演讲的内容很熟悉，语言表达能力比较好，你就可以充分调动你的幽默细胞，让整个微演讲的过程变得有趣起来。如果你不能做到这一点，就要努力提高自己的微演讲水平了。

幽默给微演讲注入积极的态度

幽默不仅能够给人带来欢乐，还能够彰显一个人的积极态度。当一个人的态度很积极的时候，他可以处处表现出自己的幽默。即便是遭遇了失败，他也能够吸取教训并一笑而过，给自己注入一些积极的力量。

微演讲应该向听众传递积极的信息，幽默的作用不容忽视。幽默不但可以让人更加包容和互相理解，减少冲突，还可以在气氛沉闷的情况下注入积极的因子，让人重拾信心。幽默能够让微演讲充满积极的元素，也可以让你和听众的交流互动变得更加畅快。

幽默就像是香水，如果你给听众喷洒一点，你自己也会闻到它的香味，听众的心情会很好，你的心情也会很好，你们之间的交流自然也就无障碍了。

某女主播在做微演讲时，说到了坚持的话题。在微演讲的最后，她向大家表示自己要减肥，争取将体重减到100斤以下。听众已经和该女主播比较熟了，有些人就觉得主播没有那样的毅力，所以当时就说主播肯定减不下去。主播说这次一定要减肥成功，从明天开始就吃素，不再吃肉，也不再吃热量高的食物。

过了两天，主播又做了一期微演讲。她知道肯定有人在关注她有没有在减肥，所以她还没等大家提问，就汇报了自己减肥的情况。她说：

"首先我要报告大家一个好消息！"在听众以为她减肥成功时，她说："我发现通过节食的方法减肥是很不科学的，至少对我来说是不管用的，因为美食对我的诱惑真的太大了。我根本无法在美味的肉食的诱惑下忍住不吃，真的受不了只吃水果沙拉的清淡。所以我决定如果下次减肥，一定不用节食的方式，而用运动的方式！至于为什么说它是好消息，因为我发现了什么对我来说才是正确的减肥方式啊！"

听众被主播逗乐了，并没有受到主播减肥失败的事情的影响。主播用她的幽默，让微演讲始终保持积极的氛围。

多在微演讲中用幽默表现积极的内容，就会对听众有更强的吸引力。大部分人都喜欢看内容积极的东西，所以相比内容消极的微演讲，充满正能量的微演讲更吸引他们。主播积极的态度会感染听众，甚至会对以后的微演讲产生积极的影响。

有幽默的内容时，讲一些幽默的内容；没有幽默的内容，可以自己去创造。可以讲一讲自己的故事，通过调侃自己来逗乐别人，气氛一下子就会变得轻松起来。如果我们把别人作为调侃对象，就极有可能引起对方不满。但是，如果我们拿自己开涮，不但能让别人开心，还能化解尴尬的气氛。

别人见你讲自己的伤心事，他们很可能会给你一个理解的微笑。如果你拿自己开涮，很少会有人再去嘲讽你。拿自己开涮也能表现你的积极态度，能够达到调节气氛的目的。

一个男主持人长得不好看。因为形象比较差，所以当这位男主持人刚上台时，人们都觉得有些失望。但是，主持人接下来的几句话，顿时让大家对他产生了好感。

主持人讲了自己的故事："我这人从小就长得不好看，所以家里兄弟姐妹几个，爷爷奶奶都疼，就是不疼我。结果我整天被人家欺负，可就是这样我居然也平平安安地长大了。我本来以为，长大了别人该对我好点了吧？可并不是，因为我又学了播音主持专业。我们专业有很多帅哥美女啊，结果我又是那个最不招人待见的一个。好不容易当上主持人了吧，你看，现在大家还是对我不满意。唉！"

台下的听众听了主持人的故事，都笑了起来，开始给他鼓掌。这时，旁边的女主持人说："你放心，下次和你同台啊，我一定要把自己打扮得丑一点。"男主持人回答："你可别了。你呀，打扮得再丑，也比我好看多了。我还是安安心心当绿叶。其实有个这么漂亮的女搭档，谁都会甘心做绿叶的！"

台下的人又是一阵大笑，大家对男主持人都产生了好感。

例子中的主持人用幽默化解了自己的尴尬，同时活跃了气氛。在做微演讲时恰当运用幽默，可以起到非常好的效果，与听众沟通的整个过程都会变得积极与顺畅起来，非常值得大家去学习。

幽默拉近演讲者与听众的距离

　　演讲者和听众之间的距离其实是比较远的，尤其是陌生的听众和演讲者之间，说不定有些听众还带着一些成见和戒心。这时候，快速拉近自己和听众的距离，让听众放下戒心和成见，是演讲者的第一要务。

　　微演讲能力强的人，通常会在和听众对话时，用幽默消除那种冷漠感，增进和听众之间的感情，拉近彼此的距离。当距离感减弱之后，一切沟通和交流都会变得顺畅，微演讲的效果也会好很多。

　　用幽默拉近彼此之间的距离，这是有智慧的表现。距离拉近之后，双方不但能够相处得更融洽，对方也更容易在笑声中接受你的观点。

　　爱因斯坦在给别人讲解相对论的时候，经常用幽默的语言来表达，收到的效果非常好。他告诉别人："你坐在美女身边一个小时，感觉就像是过了一分钟；如果你在火炉上坐一分钟，感觉就像是过了一个小时——这就是相对论！"别人在会心一笑的同时，一下子明白了爱因斯坦想要表达的意思。

　　如果爱因斯坦没有用幽默的语言来表达，而是用专业的术语解释一遍什么是相对论，别人可能会觉得与他之间有一种高不可攀的距离感。爱因斯坦用幽默不但拉近了与听众之间的距离，而且让对方对相对论有了大概的认知，沟通效果特别好。

在做微演讲的时候，你也应该学会用幽默来拉近自己与听众的距离，这样能够对交流起到非常积极的作用，让听众更愿意听你所讲的内容。

一位教授在短视频平台上做微演讲，通过微演讲向大家传授一些知识。在做微演讲时，教授总是能够用幽默拉近与听众的距离，演讲的效果也非常好。

教授一开始做微演讲的时候，就用幽默的开场让听众认识自己。教授说："我是××大学的××系教授，从今天开始，为大家制作一系列微演讲课程。有人可能会质疑，说有很多教授其实没有什么水平，在大学里混日子。所以首先我要声明一点，这种言论不对啊。至少据我所知，我们大学的教授可都是很厉害的。如果不信，你考进我们大学，亲自体验一下就知道我说的不是谎话了。前提是，你现在好好学习，以后才能考上这么好的大学。虽然我这么说，可能有人还是不服气，觉得我是在吹牛，反正有些人就认定了教授没有水平，是吧？好！我接受你们的不同观点。但我还是可以用网上流行的一句话来稍微反驳你一下，这句话叫'你行你上'。如果你觉得我水平不行，我也说服不了你，那么现在你来我这个位置讲，我去听你讲，怎么样？有人又说了，教授啊，你这是微演讲啊！教授说，没关系，你也可以制作视频嘛，只要你的微演讲视频做得比我更有水平，我就承认我水平不行。咱们可以竞争嘛，用事实说话！"

教授的幽默一下子把听众逗乐了。很多听众觉得这位教授非常接地气，和听众之间一点距离感也没有，他们很愿意听这位教授讲课。于是，教授从一开始就俘获了一大批人心。在之后的微演讲中，教授也表现得非常幽默，越来越多的听众喜欢上了他的微演讲。

很多时候听众和演讲者并不认识，大家都是凭着第一印象去选择微演讲的。例子中教授的幽默非常有吸引力，能瞬间消除听众心中的距离感。所以他的微演讲几乎从一开始就注定会成功，因为他懂得利用幽默拉近和听众的距离。

我们在做微演讲的时候，也要向教授学习，用幽默给听众留下好的第一印象，迅速拉近和听众之间的距离。距离变近之后，沟通就会比较顺畅。如果你能够在沟通时也注意使用幽默，你和听众的关系就会变得更好，你的微演讲会更有效，听众也会变成你的忠实粉丝。

幽默是化解尴尬的绝佳方式

在做微演讲的时候如果遇到了令人尴尬的情况，应该想办法化解。化解尴尬时，没有什么比幽默更快速有效的方法了。你用幽默化解尴尬，别人会觉得你是一个智商和情商都很高的人，他们会喜欢上你，忘掉刚才的尴尬。

幽默是化解尴尬的最佳方式。会表达的人一般都懂得用幽默去化解尴尬，不会让尴尬持续下去。

一位著名的将军去视察部队。为了欢迎将军的到来，部队在军官俱乐部为将军举行了晚宴。等大家喝完了杯子里的酒，一名中士过来给将军斟酒。但是，因为过于紧张，中士的手抖了一下，将酒洒到了将军光秃秃的头上。斟酒的中士吓坏了。所有人都安静下来，看着这尴尬的一幕，等待将军大发雷霆。

然而，将军并没有发怒。他看了一眼脸色已经吓得煞白的中士，从口袋里掏出手帕，将头上的酒擦掉，然后笑着说："小伙子，我的头已经秃了近20年。你的这个方法我也试过，但是不管用，还是长不出头发来。但是，我还是要谢谢你！"

众人哄堂大笑，尴尬就这样化解了，那名中士也从惊吓中缓过神来，发自内心地向将军敬了个礼。这时，大厅里响起如雷的掌声。

幽默能够化解尴尬，同时也能体现人的儒雅风度。声色俱厉的人让人敬而远之，能够以宽厚温和的态度和幽默的方式来处理一些尴尬情况的人，则让人亲近，更让人钦佩。例子中的将军不但没有说一句责怪的话，还用自己的机智和幽默，瞬间化解了尴尬，赢得了大家发自内心的尊重。大家对刚才尴尬的事情一笑而过，谁也不会放在心上，转而赞叹将军的随机应变，敬佩将军的为人。如果将军对那名犯错的中士严厉责罚，反倒令人把那件尴尬的事情记得更牢，也会因此显得将军不够大度。

能够用幽默化解尴尬的人，总是会受到人们的欢迎，因为和这样的人相处，会感觉非常轻松。

黄渤在演员当中属于长相比较一般的，但是人缘非常好，也很受观众喜欢，原因就在于他很会表达，总能用幽默化解尴尬。

有一回，在机场，有人拍黄渤的肩膀。黄渤吓了一跳，那人问："你去哪？"黄渤回答说："去上海。"那人接着说："去上海，忙坏了吧？"黄渤回答说："是挺忙的，你呢？"对方说："我也挺忙的。"于是，两人就聊了起来。等到对方说："你演的电影我看了很多部，我太喜欢你了！"黄渤这才知道，原来是位粉丝，之前还以为是哪个朋友，他把人家忘记了呢。

那人接着说："我跟你说，我最喜欢你和刘德华合演的一部电影，我看了很多遍。"黄渤想了想，自己好像没有跟刘德华合作演过电影，就奇怪地问："哪一部？"那人回答说："就是那部电影，还有李冰冰。"黄渤还是想不出来。结果那人说："《天下无贼》啊！"黄渤这才明白，对方认错人了，把他认成王宝强了。

在分手时，那人和他合影留念，合完影还要他签名。这真是非常尴尬了——如果那人看到他的名字，肯定是要多尴尬有多尴尬。但是黄渤用他的幽默把尴尬成功化解了，他给"粉丝"签了三个字——"王宝强"。于是，那人高高兴兴地走了。

在被别人认错的时候还能这么轻松地化解尴尬，可见黄渤的智商和情商都很高。事后他还把这件事说给大家听，可见他是不在意的，只要能带给大家快乐，他被认错也无所谓。能够用幽默化解尴尬的人，往往都是这样大度的人。小肚鸡肠的人没有这样的幽默，也不会使用这样的幽默。

用幽默化解尴尬，能彰显一个人的大度与优雅。在做微演讲时，我们应该学会用幽默化解尴尬，同时努力去做一个有包容心的人。有了一颗包容的心，我们就可以从容地应对尴尬，用轻松幽默的方式去化解它。

善用幽默避免争论

　　大多时候，争论都是在浪费时间。当我们和别人讨论问题时，我们往往可以做到心平气和，但当我们和别人争论起来，就很难做到心平气和了。我们会带着情绪和别人争论，喋喋不休，没完没了。如果是在平时，这会严重影响我们的形象；如果是在做微演讲时，这可能会直接导致听众离我们而去。

　　做微演讲时应该努力避免争论。争论不但会显得我们小气，也显得我们没有智慧。它会让听众对你产生不好的印象，非常影响你今后的发展。如果能够在争论的苗头出现时，巧妙地用幽默来避免争论，听众则会佩服你的机智与幽默，对你更加喜爱。

　　当然，不是记住一些有趣的话就可以达到幽默的效果。幽默应该能够和当时的情景相结合，在具体的情况下，做出幽默的表达。真正懂得幽默的人，会在表达时结合当时的情景，借题发挥，制造出幽默来。

　　德国一名科学家在访问美国前总统杰斐逊时，在杰斐逊的书房里看到了一张报纸。他随便看了几眼，发现这张报纸上有一些对杰斐逊进行辱骂和攻击的言论。

　　科学家感到非常不解，问道："为什么这样的言论可以在报纸上刊登呢？这样的报社不是应该赶紧封掉吗？或者，至少也应该对这报社的编辑进行一些处罚才对。"

杰斐逊一点都不生气，笑着对科学家说："把这张报纸装进你的口袋里带走吧，先生。这样的话，如果你遇到有人说我们这里没有言论自由，你就可以将这张报纸拿出来让他们看看，并告诉他们，你是在哪里找到这张报纸的。然后，你就可以理直气壮地驳倒他们了。"

杰斐逊用幽默的语言解开了科学家的疑问，有效避免了过多的讨论与有可能出现的争论。他这么做不但节约了时间，还让两人的相处更为融洽。

要想成为一个随机应变、表达幽默的人，我们需要让自己的思维变得灵活。也就是说，我们要从不同的角度去看待问题和思考问题，不让思维走寻常路，这样就可以看到一般人看不到的幽默点，说出幽默的话来。

我们还应该加强思维锻炼，能够快速思考。很多时候，幽默的语言就是刹那之间的灵光一闪，是福至心灵的脱口而出。当我们的思维变得敏捷时，我们就可以抓住稍纵即逝的幽默灵感，说出应景的幽默话。

幽默的人一般都不是气量小的人，也不会郁郁寡欢。幽默的人总是内心充满快乐，用有爱和有趣的眼光去看待一切，所以才可以看到幽默的事，说出幽默的话。

网上曾有一句话非常流行："好看的皮囊千篇一律，有趣的灵魂万里挑一。"的确，拥有"有趣的灵魂"的人在世界上并不多见，他们都是特别优秀、特别会表达的人。大多数人的生活总是显得枯燥乏味，而拥有"有趣的灵魂"的人，会用幽默让生活变得更加有趣。不仅他自己的生活更加丰富多彩，他周围的人也会受到他的影响，体验到更多生活的乐趣。

单调重复的工作和生活，让很多人变得麻木，生活中缺乏幽默，表达也没有生趣。跟他们开个玩笑、说个笑话，他们可能完全感受不到笑点在哪里，露出一脸茫然的样子。这样的人就是失去了幽默的能力，在生活中变得无趣的人。有趣的人在表达时善用幽默，用幽默点燃别人的热情，让周围的气氛发生改变，把所有人都带进有趣的生活里。

　　一个有趣的人，会关注生活中的细节，能够从这些细节当中找到那些有趣的闪光点。对他们而言，生活或许是苦的，是艰辛的，但有了这些有趣的闪光点，生活就不再乏味，也不再难熬。有趣的人会发现生活中有趣的事情，并用幽默的语言将他所看到的有趣的事表达出来，于是就感染了别人。

　　拥有"有趣的灵魂"的人，是拥有生活智慧的人，能够用慧眼看见别人看不见的有趣的点。于是，他们的表达就经常给人带来不一样的感受，从一个意想不到的角度，让人体验到枯燥生活中的无限趣味。

　　留心生活中的点点滴滴，用充满趣味的眼睛去发现趣事，然后把你发现的这些表达出来，你就会成为一个幽默的人，你就能成为拥有"有趣的灵魂"的人。而且，如果你的表达充满了幽默感，能在微演讲时避免争论，让你的微演讲更具感染力。

第8章

故事
让微演讲吸引力爆棚

有的故事，我们从小听到大。无论是童话还是小说，故事几乎人人都爱听。在微演讲中加入故事，可以让你的微演讲吸引力爆棚。

故事人人都爱听

听别人讲话时，人们可能对别的内容没有特别大的兴趣，但是对故事总是拥有极大的热情。当今社会，信息技术高度发达，自媒体已经融入人们的生活当中，很多人喜欢打开手机，看一看段子，听一听故事。这是一个人人都爱听故事的时代。

人人都爱听故事，所以当我们用讲故事的方法来表达一些观点时，别人会很愿意听。亚里士多德曾经说："我们无法通过智力去影响别人，情感却能做到这一点。"讲故事给别人听，就是在用情感影响别人。讲故事时饱含深情，我们就能打动别人。

当我们听到一个故事，并且懂得了故事所讲的道理时，我们已经不知不觉地在自己的大脑里将该故事进行了一次模拟和重现。故事的细节越多，我们听完故事之后产生的亲身体验的感觉就会越强。

在听故事的过程中，人们可以从故事中发现自己的影子，从故事中获得情感上的共鸣。人人都爱听故事，有一部分原因是人们想从故事中找到和自己有联系的地方，获取一种非常励志、振奋人心的精神。

我们能够从知识类的书籍中学到知识，但是我们很难从这类书籍中学到人生的经验。人生的经验往往需要人们亲身经历才能获得。很多时候，只有当我们自己经历过之后，才能明白一些比较深刻的道理。这就是古人说的"事非经过不知难"，也像一首诗中所说的"绝知此事要躬行"。

知识容易学到，而经验是很难学到的。但是，我们每个人的生活经历有限，世界有无限大，我们很难去逐一经历。

故事可以带给人十分真实的体验，能够让人如同亲身经历了一般。它打破了时间和空间的界限，让人可以去经历不同的人和事。尤其是一个真实的故事，往往能教会人们很多东西。正因如此，那些真实的故事总是受到很多人的喜爱。

金庸的武侠小说非常受欢迎。人们不但喜欢看金庸的书，还将金庸的武侠小说拍成了电视剧、电影。而且每过几年，总有新的电视剧版本出现。可以说，金庸的武侠小说是几代人共同的记忆，受到一批又一批年轻人的喜爱。

金庸的武侠小说之所以受欢迎，正是因为人人都爱听故事，而金庸又特别会讲故事。金庸自己说过："我写武侠小说，着眼点只是在供给读者以娱乐，只不过讲一些异想天开的故事，为读者们的生活增加一些趣味。我只是一个'讲故事的人'（好比宋代的'说话人'，近代的'说书先生'）。我只求把故事讲得生动热闹。我认为小说主要是刻画一些人物，讲一个故事，描写某种环境和气氛。"

金庸的武侠小说，讲了一个又一个有趣的故事，深受人们的喜爱。而同样因为会讲故事而深受人们喜爱的，还有获得诺贝尔文学奖的莫言。

诺贝尔文学奖18位终身评委之一的马悦然，是一位对中国文化深有研究的汉学家。有不少人认为，莫言之所以能够获得诺贝尔文学奖，正是因为马悦然对他的作品非常欣赏。

马悦然很喜欢莫言的作品，他不吝对莫言作品的赞美，夸莫言的作品写得特别好。当别人问他为什么喜欢莫言的作品时，他表示，因为莫言非常会讲故事。马悦然表示，当他读莫言的作品时，就像是看到了中国古代的"说书人"——莫言让他想起中国古代会讲故事的那些人。他认为莫言的作品和《水浒传》《西游记》《聊斋》一样，都是非常好的故事。他觉得莫言的讲故事能力，就是从古人那里学来的。

无论是"说书人"还是小说家、文学家，会讲故事都是他们受欢迎的重要原因，因为人人都爱听故事。有人说"凡有井水处，皆看金庸"，这或许有点夸张，但是金庸的故事广受人们的喜爱，这一点是毋庸置疑的。

人人都爱听故事，这些故事并不局限于文学作品里的故事。平时人与人交流时说的故事、做演讲时讲的故事，也受到人们的喜爱。那些会讲故事的人，总是受到人们的欢迎，总能引起人们的共鸣。

《鲁豫有约》是一档非常受欢迎的电视谈话类节目，它对一些名人进行访谈，让他们讲出自己的故事。该节目没有其他综艺节目那种花哨的包装，也没有任何喧闹的场面，就是让被采访的人坐下来，平心静气地说一说自己的故事。因此，节目的特点就是"说出你的故事"。"一段段窝心的真情，3600秒赤诚对话，千万次殷切回响，打造《鲁豫有约：说出你的故事》。"这段话可能不少人都听过。

《鲁豫有约》可以称得上是一档朴实无华的节目，但是自播出以来，始终受到人们的喜爱。原因其实很简单，它是在讲故事，而人们都喜欢听故事。越是朴实无华的故事，越是显得真挚，越能打动人心。

无论是文字形式的故事，还是语言形式的故事，只要能够用真挚的情

感打动人，人们都爱听。

　　既然人人都爱听故事，我们就要成为一个会讲故事的人，在做微演讲时，通过讲故事来吸引听众。

讲故事能让微演讲说服力倍增

　　说服别人，有时候只靠讲道理是不行的。大道理不但显得枯燥和生硬，而且不是每个人都可以接受。有时候人们会说："道理我都懂，但是我做不到。"用道理去说服一个人，阻力往往很大。但是，如果你用故事来让别人产生情感上的共鸣，你的说服力就会变得很强。毕竟人都是有感情的，当你用故事打动了他，他就容易接受你的观点。

　　很多人不喜欢听长篇大论，那些道理枯燥乏味。用讲故事的方法，把你的想法装进别人的脑袋，才是最简单有效的。

　　一般的说理，通常直接把道理讲出来，有时太突兀，可能令人无法理解，或者一时有些发懵。故事不像一般的说理，它通常通过一件事来讲道理，以故事承载道理。它娓娓道来，给人足够的时间去思考，在说理的过程中带给人精神上的享受。在不知不觉之中，听故事的人接受了故事中的道理，他们自己可能都没发现这一变化。

　　在生活中，有的事实有些残酷，直接讲出来，人们很难接受。但是，如果通过故事的形式讲出来，就委婉很多，人们接受起来就容易一些。所以，在很多时候，故事其实是对现实的一种包装，这种包装让人们更容易接受现实，明白一些道理。

　　此外，故事是对现实进行加工的产物，往往比现实更生动，说理也更加明白和透彻。人们看到了现实中的事，有时候可能无法理解其中的奥妙，无法从中吸取经验和总结教训。听故事则不同，因为故事式的说理更加生动，一般人都可以明白。

小周正在向顾客推荐一款新车。这款新车最大的卖点在于它的安全性能非常好，车身非常结实，出现碰撞事故时可以很好地保证车内人员的安全。小周用专业的语言将这款车的性能介绍给顾客，告诉顾客它的焊接技术特别好，钢材不容易被腐蚀，所以耐久度好；发动机的性能好，对车辆的安全起到了很好的保障作用；轮胎的质量好，不用担心有爆胎的危险；汽车的其他零部件也都是质量非常好的，是一个完整的体系，它的底盘很硬实，设计非常合理，前后防撞钢梁都很先进，能在出事故时有效保护车辆。

小周和顾客说了一大通，但顾客是个新司机，对车了解不多，对小周说的一知半解。小周见这样说没有太大的效果，无法将自己的想法变成顾客的想法，于是换了一种方式，开始给顾客讲故事。

有一次，雨天路滑，一辆该品牌的汽车和一辆其他品牌的汽车发生了碰撞，结果该品牌的汽车只是损坏了前防撞钢梁，车身轻微凹陷；而对方车辆的车身严重损坏，必须进行大修。还有一次大事故中，该品牌汽车里面的人没有受伤，而另一个品牌汽车里的人受了伤。

顾客听了故事，顿时觉得该品牌的汽车质量好，安全性能比其他品牌强很多，于是下定了购买的决心。

在上述例子中，小周如果没有给顾客讲故事，而是只说一些专业术语，顾客可能始终听不明白小周的意思。小周只用了两个简单的故事，就将自己推销的汽车安全性能更好这个想法装进了顾客的脑袋，让顾客愿意购买了。

用故事把想法装进别人的脑袋，不需要费尽心思讲道理，别人听到故事后自己就想明白了，这有时候比我们说一万句话都管用，因为每个人都会对他人的想法有一定的抵触，而且每个人的想法和思维都不同。通过讲故事，让别人自己想明白，阻力会非常小，小到几乎可以忽略不计。这就是讲故事的妙处。

在做微演讲时，我们应该多用故事去增强说服力，这样我们的微演讲就会被更多的人接受和认可。如果你觉得自己的微演讲说服力不够，不妨试一试讲故事的方式。当你的表达遇到阻碍，当听众不理解你的意思时，别着急，用一个故事来重新表述你的观点，有可能会收到奇效。

确定故事所起的作用，选对故事

　　讲故事能够在微演讲当中起到很好的效果，增强微演讲的说服力，让微演讲变得更加吸引人。不过，你应该选对故事。故事如果没有选对，说服力就会大打折扣。选对了故事，效果才会更好。

　　在微演讲中，在表达一个观点的时候使用了恰当的故事，这个故事可能就会被听众记住。如果它给听众留下的印象很深，可能听众很久都不会忘记。想起这个故事，听众就会想起你的观点。

　　某主播在做微演讲时很擅长用故事来阐述自己的观点。他知道，通常听众对故事的记忆是比较深刻的，如果能够把故事讲好，微演讲的效果将会有很大的提升。不过他也知道，必须让自己的观点和故事完美结合，这样才算选对故事，才能有更好的效果，让听众记忆更深刻。

　　有一次，该主播与大家探讨关于勇气的问题。他知道这个问题比较抽象，如果只是讲道理，大家很难明白，所以他不急着表达自己的观点，而是给大家讲了一个故事。

　　有一个小男孩，父母工作都很忙，经常周末加班，留他一个人在家。小男孩既孤独又害怕，他希望父母能在家陪他，可是怎么求父母都没有用。长此以往，小男孩的性格变得孤僻，对他的父母也产生了恨意。后来，小男孩的父母终于发现了小男孩的问题，努力想要给他更多关爱，可小男孩已经不再信任他们了。

还有一个小男孩，他的父母工作也很忙，没有时间陪他，经常把他一个人留在家里。一次，小男孩哭着闹着要父母留下来，可父母没同意。后来，小男孩停止了哭泣，他想："既然爸爸妈妈留我一个人在家，就说明他们相信我一个人是没有问题的，我可以照顾好自己，我已经长大了。"

小男孩经常鼓励自己，他变得越来越独立，会做的事情也越来越多。很快，他不再是那个哭着喊着让父母留下来陪他的小男孩了，而是变成了一个小小的男子汉，能够独当一面了。

同样是被父母留在家里，一个小男孩变得孤僻，对父母产生了怨恨，而另一个小男孩变得更加独立。为什么会有这样截然不同的两种结果？原因就在于第一个小男孩缺乏勇气，也缺乏对父母的理解。第二个小男孩则非常勇敢，也能够理解父母，他认为父母把他一个人留在家里是因为相信他能够自己照顾好自己。

对于第一个孩子，我们不能把责任全推到他身上，也不能去指责孩子不够勇敢和坚强，但是从这个故事中，我们可以得到一些启示。在我们成年人当中，也有一些人因为不够勇敢、不够坚强，而把责任推给别人，认为是别人不好，是别人的错。而勇敢的人，则会主动承担自己的责任，以善意的心态去理解别人，自己也因此获得成长。

过去有一句话叫作"穷人的孩子早当家"，其实我们也可以说"勇敢的孩子早当家"。对成年人来说也是如此，勇敢的人才能快速成长，担当大任。

听众刚听到主播讲故事时，以为这个故事和他要讲的主题没有什么联系。但听到最后，大家忽然发现，这确实是一个关于勇气的故事。孩子和父母之间的关系是现在很多人关注的问题。现在的人大多数都很忙，很少有时间陪孩子。但很多人都是从父母的角度去看待这件事，很少有人从孩子的角度来分析。主播从孩子的角度来看这件事，得出了不同的观点，引人深思。

该主播讲的故事让人印象深刻。其实每个人都有可能是一个缺乏勇气、不够勇敢的孩子。我们应该积极面对生活中的各种困难，这样才能成为一个优秀的人。

选对故事，表达出深刻的内涵，或者提出别人没有想到的观点，往往能够打动听故事的人的心，让他们学到一些深层次的道理，也能让他们记住你的故事。过一段时间，他可能忘记了故事的细节，但故事的梗概还记忆犹新，故事中的道理也依旧环绕在心头。

在选择故事时，应该多角度去考虑，这样往往能够发现故事中的闪光点，找到故事与你的观点的结合点。如果你找到的这个结合点很新颖，就能收到奇效，让听众的记忆更加深刻。

多角度看待故事，深挖故事当中的内涵，你选故事的能力就会得到提升，你选出来的故事就能够产生更强的吸引力和影响力，你的微演讲当然也会因此受到更多的人喜爱，产生更好的传播效果。

有悬念的故事往往更有吸引力

能够吸引听众注意力的微演讲，才是好的微演讲。如果要在做微演讲时使用故事，应该让这个故事有足够强的吸引力。要想产生足够强的吸引力，有悬念的故事是非常好的选择。

在演讲时，可以用有悬念的故事来吸引听众的注意力。听众的注意力被吸引住了，胃口被吊起来了，他们就会聚精会神地听你的演讲，很少会出现走神的情况，这样你就能更好地说服他们，让你的演讲取得更好的效果。

有悬念的故事往往不是现成的，而是要经过讲故事的人的加工，从普通的故事变成有悬念的故事。也就是说，你需要对故事进行加工和改编。

当然，也有现成的有悬念的故事，比如刑侦故事。但是，一般的演讲用不到这样的故事。所以，在一般情况下，有悬念的故事需要演讲者自己进行加工与改编。

> 日本作家芥川龙之介的小说《竹林中》讲述了一个谋杀故事。同一个谋杀案，被不同的人说出来，就成了不同的故事。结果七个人讲出了七种不同的感觉，让故事的真相扑朔迷离。

不管例子中故事的真相究竟如何，我们从中都可以看出，讲故事时，采用不同的讲法会收到不同的效果。正因如此，要想把一个故事变得有悬念，就要在讲故事之前，先把故事捋一遍，对它进行加工，让它充满悬念。

讲故事之前，选择故事的内容很重要。给故事设置悬念，让故事对听众充满吸引力，也很重要。一个人给你讲故事时，什么样的故事你会特别感兴趣呢？不一定是内容特别好的故事，但一定是有悬念的故事。一个有悬念的故事，即便内容比较普通，依然能吊起你的胃口，让你特别想知道故事的完整内容。有时候，你听完故事之后，会觉得这个故事也不过如此，但没听完时你会一直想听，这就是悬念的力量。

如果你的故事本身已经比较精彩，再设置好悬念，将会产生很强的吸引力，令人回味无穷。在演讲中讲这样的故事，会产生非常好的效果。

讲一个有悬念的故事，需要的是技巧，其中最关键的，就是你讲故事的顺序。

> 一家旅馆里住了三个人，分别是甲、乙、丙。一天晚上，甲将乙杀掉，然后逃走了。

这样讲故事，就没有悬念，显得很平淡。但是，先了解整个故事，然后换一种顺序来讲，情况就不同了。

> 一家旅馆里住了甲、乙、丙三个人，其中一个人是凶手，他要杀死一个人，但是别人都不知道他将要杀死谁。

故事这样讲，就有了悬念，听众的注意力自然会被吸引。如果你不继续往下讲，听众还会催促你赶紧讲下去。

当然，这里只是用凶杀案的例子来说明制造悬念的一种方法。在具体的演讲中，你要根据故事的内容，调整故事情节的顺序，使故事充满悬念。

有一个人去面试时穿着脏兮兮的衣服，还迟到了，却从众多按时到达面试地点、身穿正装的面试者中脱颖而出，得到了面试官的赏识，获得了实习的机会。他是怎么做到的呢？

他穿着脏兮兮的衣服一路跑到面试地点，这时，他已经迟到了很长时间，其他面试的人都已经准备离开。他对面试官说："先生，我的要求并不多，恳请您能给我一分钟的时间。"

面试官看了看眼前这个个性十足的年轻人，点了点头。他想听听这个年轻人能说出什么话来。

年轻人语速飞快地说："我想您一定会觉得我要编一个堵车之类的理由，实际上我并不会这么做，因为我是一路跑过来的。在过来面试之前，因为没钱交房租，我被警察从破旧的出租屋赶了出来。为了不让我仅有的一些私人物品丢失，我不得不把它们暂时寄存在一个收废品的人那里。我没钱打车，所以一路跑了过来。这是我迟到和穿得很差的原因。现在，我想说，我已经一无所有了，无论工作多么苦、多么累，我都可以接受。我有足够的学习能力和上进心，而且我非常需要这份工作，我会视它如珍宝。"

年轻人的话打动了面试官，最终他被面试官选中了。

这个故事，先说出结局，然后抛出问题，给听众制造了一个悬念。听众特别想知道故事的主人公在那样不利的条件下，是如何通过面试的。于是，听众聚精会神地听下去，听完之后恍然大悟，觉得这个故事蕴含着深刻的道理——努力的人不会无路可走。

在微演讲中讲述有悬念的故事，你的微演讲会变得更有吸引力，听众会被你的微演讲深深吸引，欲罢不能。

故事同样需要简洁

微演讲因自身"小而美"的特点而被人们喜爱。在微演讲中讲故事时，故事也应该是简洁的，这样才符合微演讲的特点。

故事本来就受人们欢迎，如果你的故事很简洁，大家听起来不会花太长时间，这个故事就会更受人们的喜爱。在微演讲中讲一个简短的故事，很快就可以讲完，和讲那些长篇大论不同。短小精悍的故事能迅速表达观点，同时不会因为冗长而引起听众反感，这是其他的内容形式比不了的。

大多数人在童年时期是很快乐的，但是随着年龄的增长，快乐越来越少。现代社会的快节奏，给成年人带来了很大的压力，也带来了诸多烦恼。实际上孩子们也会遇到烦恼，只不过他们的快乐很简单，很快便忘掉了烦恼。成年人也应该去寻找一些乐趣，让自己的生活变得轻松一点。

微演讲能够在碎片化的时间里给听众带来乐趣，微演讲当中简洁的小故事，则像是成年人的童话，能带给人快乐。有时候，微演讲中的小故事能带给人新奇的刺激，同时它所包含的幽默成分，能让人开怀一笑。这种快乐，是每个人都乐于享受的。

有研究表明，一个能用简洁的故事逗人笑的人，会更受周围人的喜爱，他的自信心也会更强。即便某一个故事不能逗人笑，只要用简洁的语言来表达，取得的效果也会很好。在微演讲当中讲简洁的故事，当然也会取得类似的效果。

1."跳芭蕾的女孩都有一双粗腿"的故事

在大多数人的眼中,跳芭蕾的女孩是美的化身,她们一般身材很好,舞姿优美。大家都觉得跳芭蕾的女孩的腿应该是又细又长的,这其实是一种误解。跳芭蕾的女孩的双腿一般比较粗,因为她们要依靠双腿的力量来跳舞。而且,她们的脚也比较大。

用建筑学的理论很好解释这种情况,建筑建立在结实有力的基础之上,才可以稳固、平衡、和谐。

任正非用"跳芭蕾的女孩腿粗"的故事,告诉员工不要过于追求完美,世界上没有什么是绝对完美的,关键在于我们在意的是什么。跳芭蕾的女孩为了跳出优美的舞姿,可以接受一双粗腿;有时候为了实现一些功能,产品存在微小的瑕疵也是可以接受的。

任正非说:"世界是在变化的,永远没有精致完美,根本不可能存在完美。追求完美就会陷入低端的事务主义,越做越糊涂,把事情僵化了;做得精致完美,就会变成小脚女人,怎么冲锋打仗?华为公司为什么能够超越西方公司?就是不追求完美,不追求精致。"

2."力出一孔,利出一孔"的故事

任正非告诉员工:"水和空气是世界上最温柔的东西,因此人们常常赞美水性、轻风。但大家又都知道,同样是温柔的东西,火箭是空气推动的。火箭燃烧后的高速气体,通过一个叫拉法尔喷管的小孔,扩散出来的气流,产生巨大的推力,可以把人类推向宇宙。像美人一样的水,一旦在高压下从一个小孔中喷出来,就可以用于切割钢板。可见,力出一孔,其威力。……20多年来我们基本是"利出一孔"的,形成十五万员工的团结奋斗……如果我们能坚持'力出一孔,利出一孔',下一个倒下的,就不会是华为;如果我们发散了'力出一孔,利出一孔'的原创,下一个倒下的也许可能就是华为。"

如果只是告诉员工，要齐心协力，心往一处想，劲往一处使，虽然大家也都能理解其中的意思，可是记忆不会太深刻，可能过一阵子就忘了。但是任正非用故事的形式将这个道理讲出来，员工就记忆深刻。现在，一提到"力出一孔，利出一孔"的故事，大家就能记起任正非所讲的道理，也明白要齐心协力，共同在一个点上努力，可以产生巨大的力量。

任正非善于用简洁的故事来表达自己的观点，所以他的观点能够被华为的员工接受和认可，并且被员工牢牢记住。这或许正是华为能够取得成功的原因之一。

在做微演讲时，多使用简洁的故事，能够让你的表达效果成倍提升。如果不注意使用故事，表达效果会打折扣；如果使用的故事不够简洁，表达效果也不会特别好。所以，让你的故事变得简洁一些，你会被听众喜爱，他们会对你讲的故事津津乐道。

人人都爱听故事，而短小精悍的故事更受人们欢迎。在你的微演讲中多讲一些简洁的故事，不但会有很好的表达效果，还会加倍受到听众的喜爱。

第9章

懂心理
的微演讲更震撼人心

懂得别人的心理，才更容易把话说到别人的心里去。微演讲应该是直指人心的，这样才能触动人心。如果能够懂得心理方面的知识，抓住人心，你的微演讲会更震撼人心。

只做抓住人心的微演讲

微演讲如果能够抓住人心，效果就会变得非常好。抓住人心就能打动别人，抓住人心就可以让听的人动情，就可以让你的微演讲有震撼人心的力量。

一般情况下，当人们听到别人的某一个陌生的观点时，他们更倾向于拒绝这种观点。尤其是当这个观点和他们本身的想法不同时，这种拒绝的倾向性会更大。对未知的内容抱有戒备心，是人之常情。要想增强你的微演讲效果，让你的微演讲更具说服力，你必须在演讲时抓住听众的动情点。

当你抓住了听众的动情点之后，听众就会对演讲的内容感同身受，你在他们心里就不再是"外人"，而变成了比较亲密的"自己人"。甚至听众可能会把你当成某个时期的自己，因为他们可能从你的身上看到了自己的影子。

小关的妻子快要生孩子了，小关非常高兴。不过，他也有些发愁，因为他的父母身体不是很好，无法帮忙带孩子，他必须担负起照顾坐月子的妻子和刚出生的孩子的责任。可是，公司里只有女员工有产假，没有男员工休产假的先例。

小关把自己的情况跟经理说了，经理非常为难，因为公司没有相关的规定，如果让他休了产假，别人都来请假，局面就不好控制了。小关恳求了经理很久，经理才答应在公司例会上讨论一下这个问题。

　　在公司的例会上，经理谈到了小关休产假的问题。但是，其他人都表现出一副无所谓的样子，也没有人给出一个比较合理的意见。经理见大家对这个问题的讨论一点都不积极，无奈地看向小关，对他说："可能其他男职工都没有休产假的需求，对这件事也不是很关心，你的这个产假，我看还是算了吧。"

　　小关知道，如果不能抓住大家的动情点，激发大家的同理心，让大家都积极思考男士休产假这个问题，这件事就不了了之了。于是，他站起来，声情并茂地对大家说："我知道，大家可能觉得我提的这个要求很奇怪，女士们休产假也就算了，男士为什么也要休产假？但是，现在很多人都不在父母身边居住，如果让父母过来照看孩子，多有不便。而且，父母的年纪大了，精力也没有以前好，让他们照顾孩子，做子女的也于心不忍，更不要说有些父母的身体还不好。让坐月子的妻子一个人带孩子，我们能放心吗？那实在是太操劳了。第一次当爸爸，我的心情是很激动的，同时也是很慌乱的，怕自己做得不够好，无法成为一个合格的爸爸。这种心情，相信大家都经历过，或者今后也将经历。可能有些家庭不需要男士来照顾孩子，但一定有一些家庭因为各种原因，是需要男士来照顾孩子的。如果现在我们能讨论出一套切实可行的休假方案，不但对我有帮助，对今后将要当爸爸的那些同事，也都会有帮助。合理的产假制度，能留住女员工，增强她们的归属感，降低女员工的离职率。对男员工来说，同样如此。所以，我恳请大家，不要对这个问题不以为意，它是和每个人都有关系的，也会对公司未来的发展有帮助。"

　　听了小关这段发言之后，大家都被他的真情所打动，开始认真讨论这个问题。最终，他们讨论出一套男员工休产假的制度，小关也得以在妻子最需要照顾的那段时间，拥有了一个宝贵的假期。

例子中的小关在做微演讲时，很注重打动别人的心。他用自己的话语激发了别人的同理心，引起了人们的共鸣，最终也得到了自己想要的结果。可以说，他的这个微演讲做得很成功。

就像小关一样，要想在做微演讲时打动别人，就要想办法抓住动情点，用真情激发别人的同理心。真挚的感情是对语言最好的修饰，也是微演讲的必备元素。

如果能够激发别人的同理心，引起别人的情感共鸣，收到的演讲效果就会非常好。用真情打动别人，比用技巧更有力度，也更有效。记住这一点，给自己的微演讲注入感情，你就能让自己的微演讲变得更有感染力。

根据听众心理来调整微演讲的内容

　　微演讲是面对听众的，你有什么样的听众，就应该讲什么样的内容。这是因为不同的听众有不同的喜好及理解能力，你需要讲他们喜欢听的内容、能听懂的内容，这样才会有好的效果。

　　说话是为了表达自己的观点，沟通是为了交流彼此的想法。见什么人说什么话并不一定就是圆滑世故——在进行微演讲时根据不同的听众选择不同的内容，是为了让沟通更加顺畅和有效。当你在微演讲中说听众可以听懂的内容，你会更容易被听众理解，然后你可以充分利用对方的同理心，取得更好的表达效果。

　　有一句俗话："秀才遇到兵，有理说不清。""说不清"其实是因为秀才和士兵的思维不同，说话的方式也不同。秀才说话文绉绉的，当兵的（古时当兵的人大多没念过书）说话则可能简单直接，两个人各说各的，谁也不管对方能不能理解，最后就变得"说不清"了。如果秀才能够做到见什么人说什么话，或者当兵的是个有学问的人，能用秀才使用的语言和秀才沟通，说不定事情就可以说清了。

　　一个秀才去街上买柴火，遇到一个担着柴的人，于是就对那人说："荷薪者过来！"卖柴的是个粗人，根本没听懂秀才说的是什么意思，不过倒是能听懂"过来"二字，于是挑着柴走了过去。

秀才看了看那些柴火，问卖柴的："其价几何？"卖柴的还是听不太懂他在说什么，但是可以理解"价"是什么意思，便把柴火的价格告诉了他。

秀才又看了看柴火，不满道："外实而内虚，烟多而焰少，请损之。"

秀才的意思是这些柴火质量不好，表面上看起来是干柴，里面却是湿的。如果烧起来，会冒很多烟，火却不会很大，所以应该便宜一点。可是，这次卖柴的人一点都不明白他在说什么，看到秀才那嫌弃的眼神，以为他看不上自己的柴火，不想买，于是挑着柴走了。

例子中的秀才不懂得见什么人说什么话，对一个粗人说了一堆文绉绉的话，所以表达效果非常差，对方听不懂他在说什么，最后也没买成柴火。

不懂得见什么人说什么话，不会充分利用对方的同理心，其实就是不懂得变通，不会把表达的技巧灵活运用到实际的对话当中。如果不懂这个道理，做不到根据听众的心理来调整讲话的内容，就算学再多的微演讲技巧，也很难取得很好的演讲效果。

在做微演讲时，要充分考虑听众，用听众可以理解的语言来进行表达。假如你不用听众能听懂的语言来说，听众就很难理解你要说的内容。不懂得见什么人说什么话，就容易出现你说了一大堆，听众却不知所云的现象。

下面简单说一下激发不同类型的人的同理心时应该注意什么。

1.向聪明的人做微演讲，表达时应该旁征博引，激起对方的兴趣。

2.向笨拙的人做微演讲，表达时应该雄辩滔滔，让对方觉得你肚子里有墨水，而且非常自信和有能力。

3.向地位比较高的人做微演讲，比如给领导做微演讲，应该考虑全面，从大处着眼，气度恢宏。

4.向财富比较多的人做微演讲，表达时应该显得高雅不群，让对方不敢轻视。

5.向贫穷的人做微演讲，表达时不要趾高气扬，应该放低身段。

6.向地位比较低的人做微演讲，比如基层员工，表达时应该态度和蔼，保持谦虚。

7.向言论偏激的人做微演讲，表达时要敏锐而机智，不要被对方带偏思路。

在做微演讲时，只要根据演讲的主题和对象选择内容，让大部分听众都可以听懂，你的微演讲就算是成功的。

有不少人说话的水平还不错，微演讲的技巧也懂得不少，可在具体的实践中，却表现得不尽如人意，得不到好的效果。这有可能是不懂得根据听众心理来调整微演讲内容的结果。在对的人面前用错的微演讲方式，无法激发对方的同理心，微演讲就成了"对牛弹琴"。

根据听众心理来调整微演讲的内容，将听众的同理心激发出来，你的微演讲就会取得很好的效果。如果你的微演讲效果不佳，先不要气馁，可能只是还没有掌握根据听众心理调整微演讲内容的技巧，需要在这方面多下功夫。

打破固有观念，产生震撼人心的效果

人们的很多行为循规蹈矩，思维也固化。正因如此，一些打破陈规的想法，往往会震撼人心。在做微演讲时，如果能多用一些"惊人之语"，就会引起听众的极大关注，甚至让人感到醍醐灌顶。

有些会做微演讲的人喜欢用"语不惊人死不休"的语句，这些语句可以引起听众的重视，打动听众的心，往往能起到出奇制胜的效果。

在做微演讲时，你可以独辟蹊径，用一些超常规的话来打动听众的心，起到引人深思和震撼人心的效果。对于一些很常见的话，人们往往不会太在意，可如果你独辟蹊径、剑走偏锋，说出出其不意的话，人们一般会陷入思考，继而心中有所触动。

> 一个卖电影放映机的商家在地铁里做广告时，引用了很多电影里的经典台词，让人看了心中有所触动，继而产生了购买的欲望。它所引用的台词都很有内涵，引人深思。
>
> 做人如果没有梦想，那和咸鱼有什么分别？——《少林足球》
>
> 人生和电影不同，人生比电影苦得多。如果你不出去走走，你就会以为这就是全世界。——《天堂电影院》
>
> 星星在哪里都是很亮的，就看你有没有抬头去看它们。——《玻璃樽》

> 有些鸟儿是注定不会被关在牢笼里的，它们的每一片羽毛都闪耀着自由的光辉。——《肖申克的救赎》

看到这些与众不同的台词，我们会被打动，继而产生深刻的印象。当然，这类话语并不是电影中才有。我们在生活和工作中，随时都可以使用一些能引发思考的话语来打动别人。

> 就算做咸鱼，也要做最咸的那一条。
>
> 失败并不可怕，可怕的是失去信心。当生活妄图把我们掩埋时，却不知道我们是种子。
>
> 人生是一个茶几，上面摆满了杯具（悲剧），但我们也可以选择把杯具变成洗具（喜剧）。

你可以说很多独特的引人深思的话，值得注意的是，这些话应该是能带给人积极向上的力量的，或者蕴含我们平时容易忽视的道理。总之，你说的话要有积极的作用和意义，避免说消极的话。当你把这些句子加入微演讲中，你的微演讲就会更加吸引人。

除了一些独特的话语之外，一些看似矛盾的话也能引起人们的注意，产生不错的效果。矛盾总是能够引起人们的注意，很多看似矛盾的话语能给人留下深刻的印象。很多时候，巧妙利用这些话语，能收到奇效。

> 《真实的谎言》这部电影相信很多人都知道。大家对"真实的谎言"这个词应该都有比较深刻的印象，因为它看起来自相矛盾。谎言本来应该是假的，却说它真实，这就很矛盾，也很与众不同，于是就有了吸引人的特点。

徐志摩在他的诗中写道："那一声珍重里有甜蜜的忧愁——沙扬娜拉！"忧愁本来应该是苦的，可徐志摩却说"甜蜜的忧愁"，这种矛盾感就会引起人们的注意和思考。

那些看似矛盾的话，实际上是运用了矛盾修辞法。它用两个矛盾的词语来形容一个事物，带给人一种非常强烈的矛盾感，让人留下深刻的印象。

我们在说话时，如果能够灵活运用矛盾修辞，将一些看似矛盾的词语组合起来，就能引起别人的兴趣和注意，比如"无声的控诉""伟大的平凡"等。

除了看似矛盾的词语，看似矛盾的观点也能起到引人注意的效果。

尼采说："痛苦的人没有悲伤的权利。"

痛苦的人应该是悲伤的，尼采却说痛苦的人没有悲伤的权利。这种看似矛盾的观点，能引起人们的强烈注意，继而打动人心。

在做微演讲时，你的语言与众不同，你会显得有个性，你的微演讲也就个性十足，你会受到听众的喜爱，你的微演讲内容也会让听众印象深刻。

别平铺直叙，人们都喜欢有波澜的内容

人们常说"文似看山不喜平"，其实这个道理对微演讲也同样适用。大部分人都喜欢有波澜的内容，如果你在做微演讲时选择平铺直叙的表达方式，可能很难引起听众的兴趣。让你的微演讲波澜起伏，它才更容易吸引听众的注意力，起到更好的演讲效果。

在做微演讲时，内容越是丰满，越是波澜起伏，就越有打动人心的力量，听众的心会随着你的语言起伏，他们的积极性就会被你调动起来，他们的参与感也会更强。

某主播在谈到让专业的团队做专业的事情时，讲了腾讯和京东的一个故事。

腾讯和京东已经合作了几年时间。在两家公司刚开始合作时，由于腾讯公司相对京东来说体量更大，所以腾讯并不打算将电商全部交给京东来做。京东和腾讯谈了很久，腾讯都不愿意放手电商业务。这时，京东的董事局主席出国学习，在近8个月的时间里，京东相当于处于"群龙无首"的状态。腾讯电商的负责人认为这是一个千载难逢的好机会，要在这段时间加紧努力，在电商业绩上将京东比下去。在这段时间里，整个腾讯公司都在为腾讯电商提供强大的支持，公司几乎调动了所有资源，包括QQ推广等，给腾讯电商提供流量，并在物流方面大力投资。

腾讯迟迟不肯将电商交给京东来做，而现在京东又处于"无人管理"的被动状态，可以说情况对京东是非常不利的。然而，经过8个月的比拼之后，腾讯却一反常态，突然下定决心，将电商交给京东来做了。

原来，尽管这8个月京东几乎处于"无人管理"的状态，但它拥有一个非常专业的电商团队。因此，它的业绩不但没有下降，反而增长了很多。腾讯电商虽然业绩也有提升，但和京东之间的差距变得更大了。腾讯公司的高层这才明白，京东的电商团队更加专业，应该将电商全部交给京东来做。

主播通过这样一个结局在意料之外但又在情理之中的故事，让听众明白了专业的团队做专业的事，能够产生更强大的力量，取得更好的成果。故事一开始，情况对京东不是太好，京东看似遇到了麻烦，听众一下子就被吸引住了。听众会去想京东接下来会如何应对，会有怎样的结局，甚至会把自己代入进去，把自己想象成京东的管理者，思考自己面对这种情况时要怎样去做。最终，京东在劣势的状态下打了一场"胜仗"，故事波澜起伏，出人意料，令人印象深刻。

在听完这个故事之后，听众不但对主播所讲的内容有深刻的体会，还会被主播吸引住，想要听他继续讲下去。这样一来，微演讲的内容被听众理解了，主播的演讲魅力也充分散发了出来。

主播讲的这个故事波澜起伏，让听众的心随着他的话语不断起伏。这样做演讲，能够让听众产生更为深刻的印象，也调动了听众的积极性，效果往往比较好。

在做微演讲时，如果你无法让演讲内容波澜起伏，可以给它突然来一个转折。这样也会产生一种戏剧性的效果，激发听众的兴趣，同时让听众记忆深刻。

阿瑟·瑞尔娄是一个特别会做微演讲的人，他在纽约北部的一个小镇工作，做的是房地产销售。他销售房子的方法和别的销售员有很大的不同，别人都是领着顾客去看房子，他则经常带着顾客去各个地方兜风，基本上不谈卖房子的事。

　　有的销售员对他的行为很是不解，问他："你不给顾客介绍房子，也不和顾客讨论房地产税的问题，你是怎么说服顾客，让他们买房子的？"

　　阿瑟·瑞尔娄神秘一笑，说："我是用我的口才说服他们的。"

　　原来，他带顾客去兜风，为的是有时间和顾客交谈。在交谈时，阿瑟·瑞尔娄不提卖房子的事，他只是像和朋友交谈一样，介绍周围的环境。

　　比如，他会给顾客介绍房子附近的房屋，介绍这些房屋里住的是什么人，这些人是做什么工作的，他们为什么选择住在那里。他还会介绍那些人的孩子，介绍他们买下那栋房子用了多少钱，甚至有时候还介绍他们养了什么宠物。

　　除了有关房子附近住户的事之外，他还会给顾客讲小镇上的故事，讲小镇上的这些居民是如何生活的，生活里有哪些趣事。但是，他绝口不提卖房子的事。

　　然而听了他的讲述之后，顾客往往已经对这栋房子非常感兴趣了，接下来会主动询问房子的价格和一些其他信息。此时，不用阿瑟·瑞尔娄再多说什么，顾客就已经迫不及待想要买下这栋房子了。

　　阿瑟·瑞尔娄一直都没有说到卖房子的事情，但到了最后，突然一个转折，就来到了卖房子的事情上。这种转折会产生很好的效果，能格外打动人心。正因如此，阿瑟·瑞尔娄的销售业绩一直特别好，甚至所有的竞争对手的销售业绩加起来，都没有他的好。

例子中的阿瑟·瑞尔娄是一个非常懂得抓住别人心理的人，虽然他不是专业做微演讲的，但他很懂微演讲的方法。在做微演讲时，如果无法让你的微演讲内容波澜起伏，那就给你的微演讲内容来一个转折。有了这个转折点，听众的心会跟着你走，他们会对你所讲的内容产生浓厚的兴趣，希望你讲下去。

从听众**身边的事**展开叙述效果更佳

一般来说，对于身边的事，人们更关心，也更容易理解。在做微演讲时，如果你能够从听众身边的事展开叙述，往往可以很快抓住听众的心，让他们集中注意力听你演讲，表达效果会更好。

在当今这个移动互联网时代，"参与感"不断被人们提及。实际上，不仅做产品需要让用户有参与感，在做微演讲时，参与感也同样重要。当你从听众身边的事展开叙述，听众的参与感会非常强，你可以充分调动他们的积极性。

高手在做微演讲时，一般不会只是自己在那里说个不停，而是要用话题激起听众的兴趣，让听众也参与进来，让他们的心随着演讲跳动。正是因为能引得听众参与到微演讲当中，让听众产生很强的参与感，所以高手总是能让自己的微演讲很受欢迎。

有些人觉得，只要口才好，能够不停地说，就算会做微演讲。但是，话说得多还是少，并不是评定一个人会不会做微演讲的标准。最关键的是在演讲的过程中，和听众的互动感强不强，你的话能不能让听众产生参与感。

如果听众没有参与感，你说得再多也无法起到增进和听众感情的效果。而听众有了参与感，即便你说得很少，沟通效果也会非常好，微演讲的效果也会很好。微演讲本身就是短小精悍的演讲，本来就无须说特别多的话，关键在于表达效果要好，要能够引起听众的兴趣和共鸣。

小李一直认为自己是个很会做微演讲的人，每次演讲，他总是旁征博引、滔滔不绝，讲起话来一套一套的。和别人沟通时小李也是这样，几乎都是自己在说，别人基本插不上话。

小李对自己会做微演讲这一点从来没有怀疑过，直到有一次，他无意中听到了两个同事的对话。两个同事在谈论公司中谁最会做微演讲，说到小李时，一个同事说："小李虽然挺能说的，但我觉得他不会做微演讲，听他的微演讲一点也没有那种愉快的感觉，毫无参与感。"另一个同事立即表示同意："对啊，在公司开会的时候，让他发言，他就自己在那一个劲地说个不停，根本不顾别人的感受。我觉得他虽然嘴皮子挺利索的，但是没几个人喜欢听他的微演讲。"

小李听了心里很不舒服，他有点想不明白，为什么自己那么能说会道，别人却觉得自己不会做微演讲呢？

话多并不一定就代表会做微演讲，也并不一定意味着能跟别人很好地进行交流。就像例子中的小李那样，他做微演讲时虽然讲了很多，交流效果却不好，因为没能给别人带来参与感。如果他在做微演讲时注意别人的感受，从听众身边的事展开叙述，多聊一些大家感兴趣的内容，效果可能就会不一样。

我们应该在与别人沟通时，多创造让别人参与的机会，而不是一味地多说话。做微演讲时讲话内容的多少，要视情况而定，目的是增强听众的参与感。如果只顾着自己讲话，忽略了听众的参与感，那就是舍本逐末，很难将微演讲做好。

做微演讲时最重要的不是说了多少话，而是你说出的话起到了怎样的效果，听众是不是接受了你的观点，或者听众的情绪有没有被你调动起来。做微演讲时不能只关注自己的语言，还要把与听众进行互动放在同等重要的位置，努力去调动听众的情绪，让听众参与进来。

小高在别人眼里一直是个沉默寡言的人。他身边的朋友都认为，和小高聊天基本聊不下去。小高虽然很少和别人聊天，但他并不是不会表达，他只是平时不愿意在没意义的交谈上浪费时间。

小王是一个微演讲高手，他很懂得怎样去调动听众的积极性。他把微演讲的经验用到平时的沟通当中，发现小高并不是一个天生冷漠的人，只不过大部分人和小高聊天时无法从小高身边的事入手，无法调动起小高的积极性。这和微演讲的情况非常相似：能调动起听众的积极性，听众就会变得感兴趣；无法调动听众的积极性，听众就对你所讲的内容兴趣不大。

小王想让别人看看自己是怎么和小高聊天的。于是，他找到小高，问小高平时除了工作还喜欢干什么，小高表示自己喜欢看科幻类的小说。小王知道，喜欢看科幻小说的人，逻辑思维一般都比较缜密，做事非常理性。他大概知道了小高会喜欢什么样的话题，于是和小高聊起宇宙的起源、外星人、未来科技等话题。小高的情绪一下子被调动了起来，讲起话来滔滔不绝。

别人对小王的能力非常佩服，觉得小王有神奇的魔法。小王微笑着告诉大家，其实他只是用了微演讲的技巧而已。从别人身边的事、别人关注的事入手，就可以调动起他们的情绪，让他们参与到你讲的话题当中。

　　在做微演讲时，参与感特别重要。演讲者应该从听众身边的事展开叙述，多讲一些和听众有关的内容。这样就可以充分调动起听众的兴趣，让听众产生参与感，也让自己的微演讲有更好的效果。

第10章

用微演讲
创造无限可能

微演讲的魅力非凡。除了传播知识和观点之外，微演讲还有非常多的用处。如果你善于开发，或许可以用微演讲创造出无限的可能。

微演讲是拿下客户的绝佳武器

俗话说："无路难，开路更难。"对于这句话，创业者的体会应该是最深的。对于创业者来说，客户无疑是一个非常重要的关卡，能够拿下客户，就有生存下去的机会。但怎样才能拿下客户，是令很多人感到头疼的事情。

创业艰难，除了要和竞争对手斗智斗勇，还要解决缺少客户的问题。很多人一想到这个问题就头皮发麻。在与客户接触时，可能一开始你会抱着极大的希望，结果却是一次又一次的失望。

关于拉客户，流传着下面这样一种说法。

> 融资路演最坏的结果是什么？
>
> 时间到了，还没讲完！
>
> 讲完了，投资人没听懂！
>
> 投资人听懂了，都不感兴趣！
>
> 投资人没听懂，听众里的竞争对手听懂了！

拿下客户实在是太难了，如果没有正确的方法，根本入不得其门。

其实，拿下客户，最关键的是要打动客户的心。微演讲对于打动人心有非常好的效果，所以用微演讲来做争取客户的武器，将会是个不错的选择。

如果客户对你提供的专业数据不是特别"感冒"，你最好用更为直观的方式来打动他们，比如用微演讲来表述你的内容，让你的表述打动人心。不要总是拿出一堆数据和报表，要用一种整体的、宏观的语言去表述，同时把你对未来的愿景充分表达出来，想办法去打动客户的心，这样他们更容易接受你。

因此，融资就要学会微演讲。你能不能成功拿下客户，就看你会不会把你的项目很好地介绍给他。把微演讲做好，是一个良好的开端。我们都知道，万事开头难，只要开好了头，接下来谈合作就顺理成章了。

与冷冰冰的数据相比，微演讲无疑对人有更强的吸引力。用微演讲，你的所有想法都可以对客户讲出来，他们通常不会听不懂，也不会反感，反而会觉得你很有人情味，是值得交往与合作的人。

微演讲的内容当然是越吸引人越好，尤其是当你希望客户给你投资时，你更应该想方设法去吸引客户的注意。

融资时，对客户有吸引力的微演讲，通常包含三个要素。

> 一是体现巨大的市场潜力；
>
> 二是和当前的主流形成强烈反差，显得别具一格；
>
> 三是拥有有情怀的目标。

从这三方面入手，包含其中的一个或几个要素，通常就能让你的微演讲非常有吸引力。

> 某公司在做一种新能源产品的开发，但是资金不够，需要拉一些客户来投资。但是，由于这类产品在市场上很少见，所以很多潜在客户听了该公司的项目介绍之后，都有些迟疑。

公司的负责人于是给他们做了一次微演讲。在微演讲中，他说："现在智能手机已经非常普及，基本人手一部。但是，非洲的经济相对比较落后，人们的消费能力还比较差。苹果手机、三星手机等价格昂贵的手机，一般的非洲人都消费不起。另外，这些手机的拍照功能对非洲人很不友好，尤其是到了晚上，拍出来漆黑一片。因此，非洲人对它们也喜欢不起来。看起来非洲的手机市场几乎是空白的。正因如此，非洲市场竞争很小。深圳的传音公司发现了这个机会，生产出了更适合非洲人的价格相对便宜、拍照功能更加友好的传音手机，迅速占领了非洲市场。现在，非洲人使用的手机，几乎都是传音手机，它的持有率比当年诺基亚在中国的持有率还要高。"

最后，负责人告诉大家："市场上没有同类产品，就说明市场潜力是巨大的。没有其他产品的竞争，一旦发展起来，不会遇到太大的阻力，可以迅速占领市场。而且我们这个新能源产品是绿色环保的，对环境有保护作用。为了我们的生活环境更加美好，大家也应该投资这个产品。"

听了他的微演讲，不少潜在客户被打动，有的已经决定给该公司投资了。

例子中的公司负责人用微演讲吸引了客户的注意，并且通过微演讲告诉客户他们这个项目将大有可为。事实证明，他的微演讲做得很成功，打动了很多客户。

要想利用微演讲吸引客户，除了要利用好"三要素"之外，还有一点需要注意，那就是简洁。在给客户做微演讲时，应该尽量做到内容简洁。否则，一旦客户感到不耐烦，你就很难获得想要的结果。

在微演讲中注入那些吸引人的要素，并且保证你的微演讲简洁有力，做好了这些，拿下客户其实并没有想象中那么难。

用微演讲搞定招商引资

招商引资是令很多人感到头疼的事。投资人通常不是专业人士，很多都是门外汉，用专业的内容来说服一个门外汉投资人，那简直是太难了。

很多人在面对投资人时不知道该怎么表达，有时候说得越多，对方反而越迷糊，越搞不清楚你想说什么，于是就不想投资了。打动这些门外汉投资人，不能只靠专业内容，还要充分利用微演讲的力量。

有些人特别相信自己的专业水平，希望用自己的专业水平来打动投资人。在多次碰壁以后，他们才发现，那些门外汉投资人，真不是能轻易用专业语言打动的。

俗话说："隔行如隔山。"大多数情况下你和投资人不在一个行业里，就算你把专业知识讲得天花乱坠，他们也不一定能听懂。结果，你费了半天口舌，却发现对方完全没明白你在说什么，没有比这更让人泄气的了。

按理说，给一个人讲他完全不懂的事物，他听不懂也算是正常的。但如果能够利用好微演讲，就可以让别人更容易听懂你的表达。要想打动门外汉，只依靠专业内容还不够，还要合理利用微演讲的方法，把你做的事情讲明白。

在工业革命还没有开始的时候，西方上流社会的人在出行时，一般都是坐马车。内燃机发明出来之后，就有一些厂家想到，可以将内燃机和马车结合起来，这样马车就能够脱离马匹，自己跑了。

这在当时可以说是一种非常新鲜的设想。要想打动投资人来投资，并不是一件容易的事。某厂家一开始给投资人讲内燃机的好处，分析了一大堆数据，但是投资人都听不太明白。

厂家见很难说服那些投资人，于是改变了策略，不再给他们讲具体的专业内容，而是从另一个角度讲。有一个人整天乘坐马车出行，但是马需要喂养，还会排泄，不但让人感到麻烦，有时候还会有异味。这些问题，在马车装上内燃机之后，都可以得到解决。而且，内燃机将来会发展得更成熟，动力会远远超过几匹马的动力。这种没有马的马车，比原来的马车要好得多。

那些投资人这次听懂了，有人开始给厂家投资了。这个厂家得到了初始资金，慢慢发展起来。

例子中的厂家，一开始给投资人讲专业内容，没有收到好的效果，后来的微演讲效果就好多了。

在和投资人谈话时，不要把投资人当成专业人士，而要把他们当成门外汉，讲出的话要通俗易懂。很多人做技术工作的时间长了，一开口就是专业术语，这样很难打动投资人，他们甚至不知道你在说什么。

其实，投资人需要知道的，不过就是你这个项目或产品的前景好不好、市场大不大。然后，他们会关心你的这个团队怎么样，有没有实力，能不能吃苦。可能他们还会关心你的意志是否坚强，因为意志力强的人更容易排除万难，最终取得成功。

你不需要把专业内容讲得那么细致，用几句话简单概括即可。这样既显得你能够抓住核心，水平比较高，也避免了投资人听得云里雾里的事情发生。然后你就可以给投资人做微演讲，在微演讲中描绘出充满希望的前景。这样一来，投资人可能就愿意投资了。

在面对投资人时，你要明白他们可能完全不懂你的专业，与其给他们讲一堆他们听不懂的专业术语，不如用微演讲来向他们阐述你想要表达的内容。这样他们能够听懂你说的是什么，你们交流起来就更容易了，你也更容易打动他们的心，拉来投资。

微演讲是提升品牌价值的法宝

　　品牌价值不仅与产品的质量有关，与宣传也有密不可分的关系。一个品牌的宣传做得好，深入人心，品牌就会变得很有价值。用微演讲来打动人心，是提升品牌价值的法宝。

　　大多数品牌使用广告来扩大宣传，提升品牌价值。然而，当广告铺天盖地做下来，品牌知名度是提高了，但品牌价值不一定会有明显提升。有时候广告做得太频繁，不但无法让人认可这个品牌，反而有可能起到一定的反作用，让人对这个品牌产生厌烦心理。

　　与传统广告方式相比，微演讲型的广告更能够打动人心，起到提升品牌价值的作用。

　　Zippo是全世界有名的打火机品牌之一。Zippo公司于1932年在美国创立，它的金属打火机非常耐用，也非常好用，具有特别好的防水能力和防风能力，因此受到很多人欢迎。

　　Zippo打火机世界闻名，除了质量好，和它的广告形式有很大关系，它的广告类似一个个微演讲。

　　比如下面这几条广告内容。

　　1960年，有一个渔夫在奥尼达湖里捞到了一条大鱼。这条鱼重18磅（约8.16千克），渔夫非常欣喜。在清理鱼肚子时，渔夫惊奇地发现，里面竟然有一个Zippo打火机。更神奇的是，这个打火机闪闪发亮，就像新的一样。渔夫把打火机拿在手中，试着打了一下，居然还可以打着火。

1961年，在一次战争中，美军一名士兵不幸中弹，却没有死去。原来，他的口袋里装着一个Zippo打火机，那颗子弹正好打在了Zippo打火机上。打火机的机身虽然凹陷，却保住了这名士兵的性命。事后，Zippo公司提出为这名士兵更换打火机，但这名士兵没有同意。他把这个救过他性命的打火机保存了起来，留作纪念。

1974年，美国一名飞行员驾驶飞机起飞不久，发现引擎出现了一些问题，只好迫降。为了让搜救人员尽快发现他，他打着了随身携带的Zippo打火机发出求救信号，成功获救。

关于Zippo打火机的故事太多了，每一个故事都被人津津乐道。在大家的口口相传之中，Zippo打火机声名远播。Zippo公司用这种奇特的微演讲型广告，让Zippo打火机风靡全球。

用微演讲来做广告，效果通常比一般的广告要好得多，不少品牌都使用这种广告方式。比如，农夫山泉的广告，就是非常打动人心的微演讲，给人耳目一新的感觉。

"我们只做大自然的搬运工"——二十年如一日，农夫山泉坚守"从不使用城市自来水"的理念，始终坚持水源地建厂、水源地生产，确保每一瓶农夫山泉的天然健康品质。

好水源造好水。每一瓶农夫山泉都清晰标注水源地，确保消费者的知情权。农夫山泉坚持在远离都市的深山密林中建立生产基地，全部生产过程在水源地完成。您喝的每一瓶农夫山泉，都经过漫长的运输线路，从大自然远道而来。目前，农夫山泉占据四大优质天然饮用水源——浙江千岛湖、吉林长白山、湖北丹江口、广东万绿湖。水质呈天然弱碱性、小分子团，含有均衡的天然矿物元素，喝起来清冽甘甜。

农夫山泉的广告采用微演讲的形式，没有说让谁购买，但人们看过之后，就会产生购买欲。

农夫山泉还有一个广告，没有使用太多的语言，而是用精美的图片进行PPT形式的微演讲。该广告被农夫山泉公司内部人士公认为农夫山泉有史以来最美的一个广告。整个广告画面全都是农夫山泉使用的水源地的美景和野生动物，清新和灵气扑面而来。到最后才出现农夫山泉的广告语："什么样的水源，孕育什么样的生命。农夫山泉，我们不生产水，我们只是大自然的搬运工。"

无须语言赘述，农夫山泉用一组美到动人心魄、纯到似乎能令人感受到甘甜的自然水源画面，做了一场关于水源地的微演讲，让每一个看到广告的人都怦然心动。

通过微演讲型的广告，品牌的特性深入人心，品牌的价值自然而然会得到提升。如果你想要提升品牌价值，不如做一场生动的微演讲，让你的品牌被人们真正接受和认可。

微演讲让创意不再难以捉摸

创意对于普通人来说难以捉摸，它似乎是虚无缥缈的。但是，如果能够做好微演讲，创意也可以被普通人理解。

当灵感来临时，可能一个优秀的创意就产生了。优秀的创意往往是神来之笔，自己能够想明白，但要让别人也明白，可能就不是那么容易了。有时候，你向别人解释了很久，别人却抓耳挠腮，不能理解你要表达的到底是什么。

用微演讲来解释你的创意，别人就容易听明白，就不会出现空有一个好创意，别人却无法理解的尴尬局面了。

一个团队里面，一般会有头脑特别灵活、点子特别多的人。有时候他们想出来的创意听起来会有些不可思议，按照一般的思维很难理解。也正因如此，这种创意才有了独特的魅力，才有了吸引人的力量。但是，当他们向别人解释创意时，往往会遇到重重困难。别人可能难以理解，即便理解了，也可能会认为创意太激进了，最好不要用。

此时，如果能够用微演讲解释创意，让大多数人充分理解这个创意，他们对这个创意的接受度可能就会高一些，就算这个创意有一些瑕疵，也是瑕不掩瑜。而且，在群体的智慧之下，创意的瑕疵可能会被去除，那就更完美了。

　　一家小公司想在广告牌上打广告。可是，公司的资金有限，而市区的广告牌租金不菲，显然租不起。那么，到底租什么地方的广告牌呢？

　　公司集思广益，员工们都来思考这个问题。这时，有人想出了一个创意：可以在出城的必经之路上，租一个广告牌。那里的广告牌比市区的便宜，但因为是交通要道，看到广告的人一定不少。

　　这个人的创意一说出来，大部分人都觉得不行。就算出城的人都会看到这个广告牌，看到广告的人数也没有市区里看到广告的人多。况且，公路两旁的广告牌那么多，大家都是随便看一眼，没人会特别注意他们的广告。

　　提出创意的人说，可以想办法让大家注意这个广告牌。比如，在租下广告牌之后，先不急着贴广告，而是在广告牌上写招租，把租金写得很高，让人一看就感到惊讶。这样，这块广告牌一定会引起人们的注意，这时再把自己的产品广告贴上去。经过的人一看，广告位被人租了，第一感觉肯定是这家公司资金雄厚、有实力，产品不错。

　　这个创意虽然听起来不错，但大部分人还是觉得行不通。他们还从来没听说过这样打广告的，人们真的会对天价的广告牌那么感兴趣吗？

　　见大家还是不能理解自己的创意，于是提出创意的人给大家做了一次微演讲。

　　在微演讲中，他告诉大家，一位小说家在还没有成名时，他的作品没有人关注，他赚不到稿费，穷得快要去讨饭了。后来，他想出一个点子，一下子让他的小说有了巨大的关注度。

　　小说家用自己仅剩的一些钱，在销量最大的报纸上刊登了一则征婚启事。在征婚启事中，他说自己是一个年轻有为的百万富翁，爱好运动，也喜欢音乐，是个情趣高雅的人。现在他希望找一个像某某小说（他自己的小说）中的女主角一样的女性结婚。

这则启事刊登之后，很多女性都希望能够成为这个"百万富翁"的妻子，于是都去购买小说家的这部小说，想看看小说中的女主角是个怎样的人。小说家的小说一下子火爆起来，他也随之声名鹊起，其他作品卖得也非常好。

听了这个微演讲以后，大家明白了先吸引人们注意力的重要性，也理解了他的创意。

最终，公司租下了城郊的一块广告牌，先贴上价格极高的招租信息，果然引起了人们的广泛关注，很多人都在讨论这块天价广告牌。半年之后，公司将自己的产品广告贴到广告牌上，产品一下子就被众人熟知了。

想出好的创意不容易，让这个创意被别人理解同样困难。例子中使用微演讲让别人理解自己创意的方法非常值得我们学习。当你的创意不被别人理解时，最好别强硬地表示这个创意可行，可用微演讲的方式委婉地劝说，让别人接受和认可你的创意。

每个人的理解能力和接受能力是不同的。明白这种差异，用微演讲的方式让你的创意变得通俗易懂，大家就会真正理解你的创意，就不会去阻碍你的创意的实施，而是会帮你一把，让你的创意变为现实。

"大数据+微演讲"就是超级吸引力

微演讲短小精悍，和风趣幽默的语言结合，会产生非常强大的吸引力。不过，在当今这个移动互联网时代，很多幽默的内容都有一定的时效性。在某一段时间里，一个段子非常流行，在微演讲中加入这样的段子，不但能够引人发笑，还显得很时髦。

为了能够跟上潮流，做微演讲时应该和大数据结合起来。通过大数据了解当前比较流行的一些段子，从微博，从贴吧、论坛、视频网站等处收集新鲜、流行的段子，然后将这些段子用到你的微演讲当中，就可以产生超级吸引力了。

在这个移动互联网时代，信息传播的速度非常快。段子已经融入很多人的表达当中，优秀的段子手们拥有众多的粉丝。不少明星主动变身"搞笑达人"，在表达中加入各种"自黑""自嘲"的段子，以吸引粉丝。

明星们一般都是讲一些时下比较流行的段子，而微演讲对段子的时效性要求相对低一些，所以对大数据的依赖相对也要低一些。不过，还是要注意收集数据，让你的段子时代感十足，让人不觉得过时才好。

很多短视频的内容其实和微演讲的内容差不多，创作者们也使用段子，让自己备受人们的喜爱。

《十万个冷笑话》是一部由一系列吐槽组成的动画片，一经推出就受到广大网友的追捧，被誉为"中国版的日和"。后来推出的《十万个冷笑话》电影版，票房过亿，成为继《喜羊羊与灰太狼》系列和《熊出没》系列之后，第三部票房过亿的国产动画电影。

《万万没想到》是一部由各种段子组成的迷你喜剧。它用夸张的表现形式、幽默风趣的语言和故事情节，吸引了无数粉丝，后来制作团队又拍摄了《万万没想到》电影版。

《极品女士》是一部为互联网而生的碎片化微喜剧。和传统的情景喜剧有所不同，它是由一个个搞笑的小故事组成的，网络特点十分鲜明，深受网友们的喜爱。

移动互联网时代，人们最爱的就是段子。它既可以让人会心一笑，有时候又含有一定的道理，让人回味无穷，足以让人瞬间被吸引。可以说，在做微演讲时，如果不加入一点段子，似乎就显得跟不上时代了。但要注意，在使用段子时，要结合大数据，让它具有新鲜感、时代感。

在做微演讲的时候用上合适的、新鲜的段子，能够让你的微演讲产生超级强大的吸引力。在平时的生活和工作当中，也要注意收集和培养自己说段子的能力。在日常的生活和工作中，人们所说的段子通常都是比较新鲜的，可以收集起来加以利用，在收集的过程中也能够培养出你说段子的习惯。

其实现在的年轻人都比较有个性，这一点在他们的语言上体现得十分明显。人们说话越来越风趣，越来越幽默，也越来越精练。脑子里不装几个段子，你甚至都不好意思说你是个做微演讲的人。

要想成为一个会讲段子的人，你需要凡事都换种思维方式思考，不要总是从人们习惯的思维方式出发。从另一个角度看，你将发现不一样的内容。当然，利用大数据收集网络上的段子，是必不可少的功课。

网友们的智慧是无穷无尽的，而且，他们的段子几乎是"纯天然"的，在生活中自然而然地产生，并在网上流行。将这些内容收集起来，你做微演讲时就不愁找不到有趣的内容了。来看一下下面这些网友的段子。

> Q：女朋友说××好帅的时候怎么往下接话茬？
>
> A：那又怎样？女朋友又没我的漂亮。
>
> Q：你在旅途中曾遇到过哪些厉害的人或事？
>
> A：我妈，她哪也不让我去。
>
> Q：有什么赞扬让你比较尴尬？
>
> A：哎呀，这位小伙子，人不可貌相啊。
>
> Q：在古代神话中，为什么柳树、槐树这种植物可以成精，而水果、蔬菜就不能成精？
>
> A：上午发愿修炼，中午就给炖了……
>
> Q：有一个女儿是什么体验？
>
> A：宝贝，我愿意把这世界上的一切都给你。
>
> Q：我想吃雪糕。
>
> A：不行！

在微演讲当中适当使用段子，不但能够提高你的微演讲的吸引力，还可以让你的微演讲显得青春气息十足，十分有朝气。需要注意的是，要使用那些具有正能量的段子，不要用充满负能量的段子。

用大数据来收集有趣的段子，然后合理运用到微演讲当中，将两者结合起来，你的微演讲不愁没有吸引力。

第11章

感受名人演讲
的爆炸力量

有不少名人是演讲的高手，听他们的演讲往往会有非常好的体验。很多名人的演讲非常有趣，也非常有感染力。通过学习他们的演讲，我们可以把微演讲做得更好。

马云让人们知道"后天很美好"

马云是一个演讲高手，这是很多人都知道的事。马云经常做演讲，而且有时候不提前准备演讲稿，即兴演讲。马云的很多演讲都有很强的感染力，我们从中可以学到很多演讲方面的知识。

一开始做阿里巴巴的时候，马云有一个愿望，就是通过做电商平台，"让天下没有难做的生意"。马云还有句话被很多人口口相传，就是："今天很残酷，明天更残酷，后天很美好，但绝大多数人死在明天晚上，见不着后天的太阳。所以我们干什么都要坚持。"很多人都处在残酷的现实当中，马云一直想让人们明白：后天很美好，坚持很重要。从他的演讲中，我们经常能够感受到这一点。

当年，拳王阿里打遍美国南部无敌手，相当厉害。他成为美国南部冠军，也成为历史上有名的黑人拳击冠军。与此同时，美国北部有一个白人拳击手，也打遍北部无敌手。两个人决定打一场，在美国拳坛史上代表南方和北方，代表白人和黑人而战。

第一场拳击白人赢了，第二场阿里赢了，第三场就成了决定胜负的至关重要的一场。第三场，前面八个回合，阿里打得筋疲力尽，以为自己要死了；到第九回合的时候，阿里说打死也不打了，另一个拳击手也说打不动了，谁都不肯上去。最后在他人的劝说下，两人又打了一回合。这回合结束后，阿里说我输了，不打了。对方也说不打了，就算赢也上不去了。在关键时刻，阿里跟教练说把白毛巾扔出去，我们投降吧。教练刚要扔白毛巾，另一个拳击手的教练先把白毛巾扔到了外面，只差了1秒钟。就这样，阿里取胜了。

与单纯的一句话相比，这个演讲的说服力显然更强，也更容易让人产生心理上的共鸣。通过演讲，人们更容易理解坚持下去的重要性，明白过了明天就可以迎接美好。

在演讲当中，马云还给员工分析了其中的道理。他希望每个员工都能明白，每当遇到困难的时候，这困难对所有人都是一样的。当我们自己想要放弃时，其实对手同样也不好过。所以，只要能够坚持下去，比对手多撑1秒，就是胜利。今天，很多人都知道阿里的名字，而另一个拳击手，他的名字即便说出来也不会有几个人知道。他们之间的差距就是1秒钟的差距，而多坚持1秒钟，就是成功。

为了鼓励员工留在阿里巴巴，马云没有说太多煽情的话，只是给大家做了一次演讲。他的演讲说服力非常强，让阿里巴巴的很多员工都心生触动，也让很多员工的心理发生了变化。

我最大的顾虑就是上市以后员工的心态问题。我一定会跟所有的老员工交流，特别是跟"五年陈"以上的老员工做一个沟通和交流。

孙正义讲过一个故事，这个故事是真实的。当年软银刚刚在日本成立的时候，有一个女孩得到了软银一点股票。那个女孩很不高兴：这一点股票还算股票？我不要股票，你给我工资多一点。所有公司创业时，现金都是比较少的，阿里巴巴创业时也一样。开始工资比较低，到了淘宝也低，支付宝也低，雅虎有点例外。当时孙正义就希望工资低一点。

女孩拿了一点股权，也没当回事。一年以后，两年不到的时候，软银上市了，这一点股票值100多万美元，最后涨到将近200万美元。她才拿了一点，后面的人可能有拿更多的，全部变成了拥有上百万美元的股东，有的人甚至变成了拥有几千万美元的富翁。这些女孩说我们真是幸运，于是她们嫁人的嫁人，不干活的不干活，没有一个人真正感谢公司，没有一个人真正感谢团队。这对软银内部冲击很大，公司许多员工一起离职，很多人成立了自己的公司，来挖软银的墙脚。

同时，留在软银的人也受到了巨大冲击，股票受到了冲击，公司受到了伤害。当然，出去的人，据现在统计，没有一个是成功的，钱财来得快，去得更快。留在里面的那帮人都活了下来，而且现在股票越来越坚挺。

马云通过演讲告诉员工应该懂得坚守，这比单纯讲道理要有用得多。有的员工待在公司的时间长了，产生了懈怠的情绪，对公司的前途也没有信心。马云给他们做一次演讲，就稳住了很多人的心。

马云经常在演讲中给人们带来信心，他的演讲正能量满满。当事情存在好的一面和不好的一面时，马云会通过演讲鼓励大家看到好的那一面。阿里巴巴能够发展到今天这么大的规模，和马云永远相信"后天很美好"并用演讲去鼓舞大家，有很大的关系。

J. K. 罗琳生动的哈佛毕业演讲

　　J. K. 罗琳是小说《哈利·波特》的作者。《哈利·波特》是全球最畅销的小说之一，J. K. 罗琳因此被很多人熟悉和喜爱。J. K. 罗琳在哈佛毕业典礼上的演讲非常生动，值得我们学习。

　　首先，请允许我说一声谢谢。哈佛不仅给了我无上的荣誉，连日来为这场演讲经受的恐惧和紧张，更令我减肥成功。这真是一个双赢的局面。现在我要做的就是深呼吸几下，眯着眼睛看看前面的大红横幅，安慰自己正在世界上最大的格兰芬多（《哈利·波特》中小哈利·波特所在的魔法学院的名字）聚会上。

　　发表毕业演讲是一个巨大的责任，至少我在回忆自己当年的毕业典礼时是这么认为的。那天做演讲的是英国著名的哲学家、女男爵玛丽·沃诺克（Mary Warnock），回忆她的演讲，对我写今天的演讲稿产生了极大的帮助，因为我不记得她说过的任何一句话了。这个发现让我释然，让我不再担心我可能会无意中影响你放弃在商业、法律或政治上的大好前途，转而醉心于成为一个快乐的魔法师。

　　你们看，如果在若干年后你们还记得"快乐的魔法师"这个笑话，那就证明我已经超越了玛丽·沃诺克。建立可实现的目标——这是提高自我的第一步。

实际上，我为今天应该和大家谈些什么绞尽了脑汁。我问自己什么是我希望在当年的毕业典礼上想了解的，而从那时起到现在的21年间，我又得到了什么重要的启示。

我想到了两个答案：在这美好的一天，当我们一起庆祝你们取得学业成就的时刻，我希望告诉你们失败有什么样的益处；在你们即将迈向"现实生活"之际，我还要强调想象力的重要性。

这些似乎是不切实际或自相矛盾的选择，但请先容我讲完。

回顾刚刚毕业时21岁的自己，对于今天42岁的我来说，是一个有点不太舒服的经历。可以说，在人生的前一部分，我一直挣扎在自己的雄心和身边的人对我的期望之间。

我一直深信，自己唯一想做的事情，就是写小说。不过，我的父母都来自贫穷的家庭，没有任何一个人上过大学，他们坚持认为我过于丰富的想象力是一个令人惊讶的个人怪癖，根本不足以让我支付按揭，或者获得足够的养老金。

我现在明白反讽就像用卡通铁砧去打击你，但……他们希望我去拿个职业学位，而我想去攻读英国文学。最后，我们达成了一个双方都不甚满意的协议：我改学现代语言。可是父母一走开，我立刻放弃德语，转而报名学习古典文学。

我不记得（是否）将这事告诉了父母，他们可能是在我毕业典礼那一天才发现的。我想，在全世界的所有专业中，他们也许认为，不会有比研究希腊神话更没用的专业了，它根本无法换来一间独立宽敞的卫生间。

我想澄清一下：我不会因为父母的观点而责怪他们。埋怨父母给你指错方向是有一个时间段的。当你成长到可以控制自我方向的时候，你就要自己承担责任了。尤其是，我不会因为父母希望我不要过穷日子而责怪他们。他们一直很穷，我后来也一度很穷，所以我很理解他们。贫穷并不是一种高贵的经历，它带来恐惧、压力，有时还有绝望，它意味着许许多多的羞辱和艰辛。靠自己的努力摆脱贫穷，确实可以引以为豪——贫穷本身只有对傻瓜而言才是浪漫的。

我在你们这个年龄，最害怕的不是贫穷，而是失败。

我在你们这么大的时候，明显缺乏在大学学习的动力。我花了太多时间在咖啡吧写故事，在课堂上学习的时间却很少。我有一个通过考试的诀窍，数年间它一直让我在大学和同龄人中不落人后。

我不想愚蠢地假设，因为你们年轻、有天分，并且受过良好的教育，所以从来没有过困难或心碎的时刻；因为你们拥有才华和智慧，所以从来不对命运的反复无常有所准备。我也不会假设大家坐在这里冷静地满足于自身的优越感。

你们是哈佛毕业生的这个事实，意味着你们并不很了解失败。你们也许极其渴望成功，所以非常害怕失败。说实话，你们眼中的失败，很可能就是普通人眼中的成功，毕竟你们在学业上已经达到很高的高度了……

J. K. 罗琳的演讲内容非常生动。她作为一位哈佛的毕业生，完全没有名人架子，就像普通的毕业生一样。她所谈的内容是大家都关心的，也和普通人心里所想的内容有很多交集。

这样的演讲听起来让人感到愉快和舒服，不会让人觉得枯燥和冗长。我们在做微演讲时，要学习J. K. 罗琳这种既接地气又生动幽默的演讲方式，为我们的微演讲增添色彩。

雷军超级接地气的演讲

雷军的演讲总是非常朴实无华，让人愿意相信他所说的每一句话。雷军在清华大学做过一次演讲，演讲的题目是《小米9年：创新、变革与未来》。

朱民行长给了我一个题目，叫《小米9年：创新、变革与未来》。听我讲完，你会发现小米和你以往的认知是不一样的。

1.小米的初心

9年前在中关村保福寺桥边上银谷大厦一间很小的办公室，十来个人端着七八条"枪"，一起喝了碗小米粥，开始"闹革命"。之前我们这些人从来没有做过制造业，也从来没有做过硬件。我们主要来自金山、谷歌和微软，是一群做互联网的人。我们看到了一个很大的问题，解决不了。什么问题呢？就是咱们中国是世界制造工厂，但是没有什么真正的好产品，满大街都是山寨手机，这就是在我们中国发生的现象。

说实话，40岁创业和20岁创业最大的差别是，我们一上来不认为自己会成功。我认为成功概率很低。如果我们全力去试，输了也没有什么，输了至少自己不遗憾。创业初期的一年半我隐姓埋名，因为我担心我一干这个公司，满世界都关注，给我自己很大压力。我跟大家说偷偷地干，这样自己压力比较小，干砸了也没有什么。

为什么叫小米呢？原先我们想叫大米，后来要求"高大上"，变成小米了。叫小米以后，我们决定继承"小米加步枪"的传统，开始艰苦创业。我们在初期的时候，像中关村几万家普通的创业公司一样，租了一个很小的办公室，规定出差只能住如家酒店，乘飞机只能坐经济舱。刚开始我投了1000万人民币。1000万人民币注册对于很多创业者来说是个很大的数目，但是各位如果做手机，1000万人民币真的是少得可怜的一点钱。

小米的几位创始人在各自的领域里面都是挺牛的人，大家凝聚在一起是为了一个与众不同的梦想，就是希望用我们的能力去改变中国制造业，做感动人心的好产品，造福世界上每一个人。

这就是我们的初心。

2.做感动人心的好产品

想和用户交朋友不仅仅是（要）态度（好），不仅仅是（要）利润率（低），更重要的是做出感动人心的好产品。初期我们的创始人班子全部有研发工程师背景，有平均20年的行业经验。在创立这个公司的时候，所有人都是搞技术出身（的），整天在想怎么做好产品。做好产品最核心的是创新和研发，小米的创新力被世界各个知名机构和媒体认可，在中国是顶级的。在前不久《财富》杂志的评选中，小米在中国的创新企业中排第三名。

再说一个关键问题。我们才干了8年。我们去年在研发上花了58亿人民币，同比增长83%。我举几个例子，说明小米在技术创新方面的成绩。

（1）人工智能。人工智能音箱是今天整个行业的制高点，小爱同学的出货量超过1000万台，在中国排在数一数二的位置；小爱同学的语音助理月活跃设备为3880万，在中国排第一。这种人工智能系统用的人越多，说明系统越好。今天，随着我们上千名人工智能方面的工程师对系统的不断改进，用的人越来越多，我们的人工智能产品的实用性也越来越好。

日经中文网统计了一下，小米的AI（人工智能）专利申请量在全世界排第11位，这个数字表明了小米在人工智能领域的投入远超大家的想象。

今天，大部分人用的是全面屏手机，这个概念是由小米发明的，小米拥有这个领域100多项专利。我们在这个领域做了大量的预研工作，带动了全行业的换代和升级。

五六年前小米开始做手机芯片。做手机芯片需要很长时间，两年前小米发布了第一代芯片。

在5G研发方面，今年2月份小米在巴塞罗那世界移动通信大会（MWC）上发布了第一部5G手机。小米在研发上下了很多功夫，投入很大。

（2）设计。小米MIX手机是一款现代消费电子产品，先后被芬兰国家艺术馆、法国蓬皮杜艺术中心和德国慕尼黑国际设计博物馆收藏，这表现了小米在产品设计上的水平。我们横扫了这个星球上所有最高级别的设计奖，包括IDEA设计金奖、红点最佳设计奖、IF设计金奖和日本优良设计金奖。搞不好我们是中国公司里面拿设计奖最多的公司，总计拿了200多项。

（3）品质。我在内部讲的一句话，后来成了金句："创新决定我们能够飞多高，品质决定我们能够走多远。"我自己参加过很多次公司内部的质量大会，我在那些会上常引用总理讲的话"质量之魂存于匠心"。过去一年多，凡是中国的质量奖评选活动我们几乎都参与了，而且基本上我们都获奖了。

以上是雷军演讲的一部分内容。从雷军的演讲内容中我们能够看出，他的演讲朴实无华，没有夸张的语句，没有华丽的辞藻，让人觉得非常真实可信。

雷军的演讲可以说非常接地气，小米创业和发展过程中的艰辛，让人感同身受。这种真实感让他的演讲更容易被人接纳和认可，使他的演讲感染力很强。

我们应该学习雷军的这种朴实无华的语言风格和演讲内容。它看似平平无奇，却具有感动人心的力量。

俞敏洪帮你摆脱恐惧

俞敏洪是一个非常擅长演讲的人，他的演讲风趣幽默。不过，在风趣幽默的语言背后，要看到他传递出来的正能量，那是他的演讲受欢迎的重要原因之一。

亲爱的同学们，亲爱的朋友们：

大家晚上好！

当有人站在这么一个舞台上，我们很多同学都会羡慕，也会想，也许我去讲，会比他讲得更好。但是不管站在台上的同学是面对失败还是最后的成功，他已经站在这个舞台上了。而你，还只是一个旁观者，这里面的核心元素，不是你能不能演讲，不是你有没有演讲才能，而是你敢不敢站在这个舞台上。我们一生有多少事情是因为我们不敢所以没有去做的？

曾经有这么一个男孩，在大学整整四年没有谈过一次恋爱，没有参加过一次学生会、班级的干部竞选活动。这个男孩是谁呢？他就是我。

在大学的时候，难道我不想谈恋爱吗？那为什么没有呢？因为我首先就把自己看扁了。我在想，如果我去追一个女生，这个女生可能会说："你这头猪，居然敢追我，真是癞蛤蟆想吃天鹅肉。"要真出现这种情况，我除了上吊和挖个地洞跳进去，我还能干什么呢？所以这种害怕阻挡了我所有本来应该在大学发生的各种美好的感情。

其实现在想来，这是一件多么可笑的事情。你怎么知道就没有喜欢猪的女生呢？就算你被女生拒绝了，那又怎么样呢？这个世界会因为这件事情就改变了吗？那种把自己看得太高的人，我们说他狂妄，但是一个自卑的人，一定比一个狂妄的人还要糟糕。因为狂妄的人也许还能抓到生活中本来不是他的机会，但是自卑的人会永远失去本来就属于他的机会。因为自卑，所以你就会害怕。你害怕失败，你害怕别人的眼光，你会觉得周围的人全是抱着讽刺、打击、侮辱你的眼神在看你，因此你不敢去做。所以你用一个本来不应该贬低自己的元素贬低自己，使你失去了勇气，这个世界上的所有的门，都被关上了。

当我从北大辞职出来以后，作为一个北大的快要成为教授的老师，马上换成穿着破军大衣，拎着糨糊桶，专门到北大里面去贴小广告的人，刚开始我的内心充满了恐惧，我想这可都是我的学生啊。果不其然，学生就过来了。"哎，俞老师，你在这贴广告啊。"我说："是，我从北大出去自己办个培训班，自己贴广告。"学生说："俞老师别着急，我来帮你贴。"我突然发现，原来学生并没有用一种贬低的眼神在看我，学生只是说"俞老师我来帮你贴"，而且说"我不光帮你贴，我还在这看着，不让别人给它盖上"。逐渐我就意识到了，这个世界上，只有你克服了恐惧，不在乎别人的眼光，你才能成长。

也正是有了这样不断慢慢增加的勇气，我有了自己的事业，有了自己的生活，有了自己的未来。

回过头来再想一想，最近这几天全世界非常火爆的我的朋友之一——马云，他就比我伟大很多。马云跟我有很多相似之处，当然不是长相上相似。大家都知道，这个长相上还是有差距的，他长得比较有特色。

我们俩高考都考了三年，我考进了北大的本科，他考进了杭州师范学院的专科。大家马上发现，从这个意义上来说，无论如何，我应该显得比他更加优秀。但是一个人优秀，并不是因为你考上了北大就优秀了，并不是因为你上了哈佛就优秀了，也并不会因为你长相好看而优秀。一个人真正优秀的特质来自内心想要变得更加优秀的那种强烈的渴望，和对生命的追求，那种火热的激情。马云身上这两条全部存在。

如果说在我们那个时候，马云能成功，李彦宏能成功，马化腾能成功，俞敏洪能成功，我们这些人都是来自普通家庭，今天的你拥有的资源和信息比我们那个时候要更加丰富一百倍，你没有理由不成功。

当我们要跨出第一步的时候，我们首先要克服内心的恐惧，因为这个世界上，只有你往前走的脚步你自己能够听见。

所以我希望同学们能够认真地想一下：我内心现在拥有什么样的恐惧？我内心现在拥有什么样的害怕？我是不是太在意别人的眼光？因为这些东西，我的生命质量是不是受到影响？因为这些东西，我是不是不敢迈出我生命的第一步，以至于我的生命之路再也走不远？如果是这样的话，请同学们勇敢地对你们的恐惧和勇敢地对别人的眼神，说一声"No！Because I am myself"。

帮助身边的人拥有克服恐惧的力量！

俞敏洪的演讲语言风趣幽默，但更重要的是它充满正能量，能带给人摆脱恐惧的勇气。

充满正能量的演讲本身就具有打动人心的力量，它能够带给人温暖，让人的心里暖洋洋的，非常舒服。

生活中不如意的事情十之八九，遇到一些负能量的事情，自己内心因为缺乏勇气而产生一些负面情绪，都是难免的。在微演讲当中，我们要积极传播正能量，用正能量去感染他人，这样我们的演讲会更受欢迎，我们的演讲也会更有价值和意义。

奥巴马带给听众无畏的希望

美国前总统奥巴马是一个很会做演讲的人。在竞选联邦参议员时，他的一篇演讲让他声名鹊起，一下子成为政界的知名人物。他的演讲慷慨激昂，充满力量，震撼人心，给人们带来希望。

就是这次演讲，为奥巴马日后当选总统打下了坚实的基础。这次演讲非常精彩，值得我们认真学习。

伟大的伊利诺伊州既是全国的交通枢纽，也是林肯的故乡。作为州代表，今天我将在大会上致辞，并为自己能有幸获此殊荣而备感骄傲和自豪。今晚对我而言颇不寻常，我们得承认，我能站在这里本身就已意义非凡。我的父亲是一个外国留学生，生于肯尼亚的一个小村庄，并在那里长大成人。他小的时候还放过羊，上的学校简陋不堪，屋顶上仅有块铁皮来遮风挡雨。而他的父亲，也就是我的祖父，不过是个普通的厨子，还做过家佣。

但祖父对父亲抱以厚望。凭借不懈的努力和坚忍不拔的毅力，父亲荣获赴美留学的机会，还拿到了奖学金。美国这片神奇的土地，对于很多踏上这片国土的人而言，意味着自由和机遇。还在留学期间，父亲与母亲不期而遇。母亲来自完全不同的另一个世界，她生于堪萨斯的一个小镇。大萧条时期，外祖父为谋生计，曾在石油钻井打工，还曾在农场务农。日军偷袭珍珠港后的第二天，他就自愿应征入伍，在巴顿将军麾下，转战南北，横扫欧洲。在后方的家中，外祖母含辛茹苦，抚养子女，并在轰炸机装配线上找了份活计。战后，依据士兵福利法案，他们通过联邦住宅管理局购置了一套房子，并举家西迁，谋求更大的发展。

他们对自己的女儿也寄予厚望，两家人虽然身在不同的非洲和美洲大陆，却有着共同的梦想。我的父母不仅不可思议地彼此相爱，还对这个国家有了坚定不移的信念。他们赐予我一个非洲名字——巴拉克，意为"上天福佑"，因为他们相信，在如此包容的国度中，这样的名字不应成为成功的羁绊。尽管生活并不宽裕，他们还是想方设法让我接受当地最好的教育，因为在这样一个富足的国度中，无论贫富贵贱，都同样有机会发展个人的潜力。现在他们都已不在人世，不过，我知道，他们的在天之灵，此时此刻正在骄傲地看着我。

今天，我站在这里，对自己身上这种特殊的血统心怀感激，而且我知道父母的梦想将在我的宝贝女儿身上继续延续；我站在这里，深知自己的经历只是千百万美国故事中的沧海一粟，更深知自己无法忘却那些更早踏上这片土地的先人，因为若不是在美国，我的故事无论如何都不可能发生。今夜，我们齐聚一堂，再次证明这个国度的伟大之处，而这一切并不在于鳞次栉比的摩天大楼，也不在于傲视群雄的军备实力，更不在于稳健雄厚的经济实力。我们的自豪与荣耀来自一个非常简单的前提，200多年前，它在一个著名的宣言中得以高度地概括："我们认为以下真理不言而喻：人生来平等；造物主赐予他们以下不可剥夺的权利：生命、自由和对幸福的追求。"

这才是真正的美国智慧：坚信自己的国民有着朴素无华的梦想，坚信点滴的奇迹终会出现在身边。入夜，当我们为孩子掖好小被子的同时，我们相信他们不会为衣食所累，不会为安全担忧。我们可以畅所欲言，无须担心不速之客会不请自来。我们有灵感，有想法，可以去实现，可以去创业，无须行贿或雇用某些人物的子女作为筹码和条件。我们可以参政议政，不必担心打击报复，而且我们的选票至关重要，至少多数情况下，都是如此。

以上是奥巴马这次演讲的一部分。从奥巴马的演讲当中，我们可以看到他的那种澎湃的激情。他用自己饱含热情的演讲，感染了很多人。他心中的那份炙热的情感，通过他的语言喷薄而出，感染力非常强。

我们在做微演讲的时候，要投入自己的真情实感，因为用真情实感去打动人心更有力度。将语言当成情感的载体，在微演讲时把你的情感通过语言传递给听众，自然能打动听众的心，赢得听众的爱。